Sebastian-Alexander Kampe

Marktplatz Internet
Durchführung und Rechtsgültigkeit der abgeschlossenen Kaufverträge

Sebastian-Alexander Kampe

MARKTPLATZ INTERNET

Durchführung und Rechtsgültigkeit der abgeschlossenen Kaufverträge

ibidem-Verlag
Stuttgart

Die Deutsche Bibliothek - CIP-Einheitsaufnahme:

Ein Titeldatensatz für diese Publikation ist bei
Der Deutschen Bibliothek erhältlich

∞

Gedruckt auf alterungsbeständigem, säurefreien Papier
Printed on acid-free paper

ISBN: 3-89821-211-4

Printed in Germany

Meinen Eltern und Großeltern

INHALTSVERZEICHNIS

I. Einführung in die Thematik

Mit dem Einzug des Internets in den überwiegenden Anteil deutscher Haushalte hat die Globalisierung den Verbraucher erreicht. Nicht länger sind es nur noch die Unternehmen, die die immer größere wirtschaftliche Bedeutung gewinnenden EDV-Systeme zum Vertragsschluss untereinander nutzen.[1] Vielmehr werden Verträge zunehmend auch zwischen Unternehmen und Verbraucher oder gar zwischen Verbrauchern via Internet geschlossen.[2] Wie auch außerhalb des Internets kommt dabei den schon zahlenmäßig am häufigsten vorkommenden Kaufverträgen eine besondere Bedeutung zu.
Die Verwendung von EDV-Systemen sowohl im geschäftlichen als auch im privaten Bereich nimmt ständig und teilweise sogar recht rasant zu. Auch der Online-Markt erlebt seit einiger Zeit ein atemberaubendes Wachstum; die Bundesrepublik liegt dabei derzeit auf Platz 5 im internationalen Vergleich beim Online-Shopping. Kommunikationsnetze wie das Internet werden immer dichter, gefördert durch den immer einfacher werdenden Zugriff durch die Zugangsanbieter. Das Internet ist seit Monaten und Jahren fast täglich in den Medien präsent. Die Beiträge sind entweder extrem positiv und zukunftsweisend gehalten oder aber sie sind mit äußerst deutlichen Warnfunktionen in Bezug auf die allgemeine Sicherheit, in nutzungsbezogener und krimineller Hinsicht, versehen.

---

[1] sog. business-to-business-commerce (b2b)

[2] sog. business-to-consumer-commerce (b2c) bzw. consumer-to-consumer-commerce (c2c)

Nicht mehr sind es nur die Gründerfirmen, die das Internet als Vertriebsweg nutzen und bei denen die anfangs vorherrschende Goldgräberstimmung mittlerweile weitgehend abgeflaut ist, auch die sogenannte "Old Economy" hat sich auf das Internet besonnen und versucht, ihre jeweilige Marktdominanz auch im Internet zu behaupten.

Neue Medien, wie das Internet, schaffen im privaten wie im gewerblichen Bereich neue Möglichkeiten und Chancen. Doch ein in dieser Form noch nie dagewesenes Medium birgt natürlich auch die von der Presse und anderen Medien immer wieder angesprochenen Risiken und Gefahren, die neben rein rechtlichen auch rechtspolitische Fragen aufwerfen.

Neben strafrechtlichen Problematiken und Urheberrechtsverletzungen ist der wirtschaftsrechtliche Aspekt von außerordentlicher Bedeutung, denn man hat gemerkt, dass sich mit diesem Massenmedium auch Geld verdienen lässt. Die Probleme liegen hier unter anderem im wettbewerbsrechtlichen, steuerrechtlichen und auch namens- bzw. markenschutzrechtlichen Bereich. Im Internet tummeln sich mittlerweile Millionen von Privatkunden und Unternehmer, die das Netz unter anderem als technisches Hilfsmittel zur Kommunikation, zur Gewinnung von Informationen, zum Kauf und als Vertriebsweg nutzen.

Für Unternehmen scheint das Internet, in einer Zeit, in der die Schlagwörter Information, Kosten, Globalisierung und Zeit eine äußerst große Rolle spielen, geradezu wie geschaffen.

So wird ein erheblicher Faktor für die weitere Entwicklung und den zukünftigen Erfolg des Internets sein, wie tauglich sich der so genannte Marktplatz von morgen für den Handel

darstellt. Eine besondere Bedeutung kommt dabei Verträgen zu, die über das elektronische Medium selbst zustande kommen.
Grundlegend muss man hierbei die Fragen stellen, wie geltendes Recht auf diese Art des Handels Anwendung finden kann, wie sich die Rechtsnormen an die technischen Gegebenheiten anpassen können und wie eventuelle gesetzliche Änderungen aussehen sollten, um das Internet zu dem Wirtschaftswunder zu machen, für das es gehalten wird.

In dieser Arbeit sollen demnach die relevanten Rechtsfragen des elektronischen Handels in Bezug auf den Vertragsschluss insbesondere bei Kaufverträgen dargestellt werden.

Im Einzelnen wird sich die Arbeit, nachdem der wirtschaftliche Stellenwert des Internets dargestellt wurde, mit der rechtlichen Beurteilung des Vertragsschlusses im Internet unter Berücksichtigung der für den Kaufvertrag relevanten zivilrechtlichen Vorschriften befassen. In diesem Zusammenhang wird auch auf die Anwendbarkeit von verbraucherschutzrechtlichen und handelsrechtlichen Vorschriften sowie auf die neue Gesetzgebung aus dem Multimediabereich eingegangen.

Es wird ferner untersucht, ob der "Electronic Commerce" (elektronischer Handel) derzeit auf einer rechtlich gesicherten Basis die traditionellen Weisen des Vertragsschlusses ersetzen kann bzw. die klassischen zivilrechtlichen Konstruktionen von invitatio ad offerendum, Angebot und Annahme, §§ 145, 146

BGB, bei noch herrschender Rechtslage zu vertretbaren Ergebnissen führen.

Auf die wirtschaftsrechtliche Problematik des auf Kaufverträge anwendbaren Rechts beim internationalen Vertragsschluss, die gerade bei der internationalen Ausrichtung des Internets eine wesentliche Rolle spielt, kann wegen des zu großen Umfangs nicht näher eingegangen werden.[3] Es wird daher durchgehend die Anwendbarkeit deutschen Rechts angenommen. Ebenfalls außer Acht gelassen werden muss die Beurteilung des elektronischen Geldverkehrs.[4] Dieser gehört eher in den Bereich der Abwicklung der abgeschlossenen Verträge.

---

3 hierzu: Junker, RIW 1999, S. 809 ff.,
Mehrings, CR 1998, S. 613 ff.,
Börns, Der digitale Vertragsschluß in internationalen Rechtsbeziehungen, in: Die digitale Kommunikation, S. 106 ff.;
Bachmann, Internet und IPR, in: Internet und Multimedia, S. 169 ff.

4 hierzu: Raßmann, CR 1998; S. 36 ff.,
Strömer, Online-Recht, S. 115 ff.;
http://www.ecashtechnologies.com,
http://www.setco.org,
http://www.deutsche-bank-24.de/ecash/
http://194.175.173.31/www.forum/ecash/index.html;
http://home.t-online.de/home/06995530471-0001.html;
Geis, NJW 1997, 3000 ff.;
Roßnagel, NJW 1999, 1591 ff.

II. Ökonomische Stellung

Das Internet ist ein durch Computer verbundenes, die komplette Welt umspannendes Netz, das die Möglichkeit bietet, zwischen den im Netz integrierten Computern Daten zu übertragen. Die Ursprünge entstanden vor 30 Jahren in den USA. Das Netz wurde ehemals für die US-Army entwickelt, die für den Kriegsfall ein unzerstörbares Kommunikationsmittel benötigte.[5]

Das Internet setzt sich mittlerweile aus vielen, dezentral von verschiedenen Organisationen und Institutionen betriebenen, Computern und Computernetzen zusammen, die miteinander vielfach verbunden sind. Obwohl die Entwicklung von den Organisationen koordiniert wird, entstehen die wesentlichen Entwicklungsimpulse dezentral bei den Nutzern und Betreibern der Teilnetze. Die gemeinsamen Organisationen der verschiedenen Institutionen, die die Teilnetze betreiben, garantieren die Finanzierung. Waren es in der Vergangenheit noch öffentliche Zuschüsse, so steigt zur Zeit der Anteil privater Investitionen, die eine wesentliche Rolle für die Entwicklung des Netzes spielen.[6]

Der Lohn für die Investitionen scheint sich auszuzahlen. Die steigende Zahl der Anbieter von Internetzugängen sieht sich derzeit einer ebenfalls steigenden Zahl von Privatkunden und Gewerbetreibenden bzw. Nutzern gegenüber, die das Netz für sich nutzen wollen. Firmenneugründungen, ein steigendes Service- und Dienstleistungsangebot, neue Branchen und die

---

[5] vgl. Strömer, Online-Recht, S. 3

Schaffung neuer Berufe und Arbeitsplätze sind die Folge. Im Internet herrscht auch nach Abflauen der ersten Euphorie in der gegen Ende der neunziger Jahre derzeit noch immer eine Art Goldgräberstimmung, die nach Informationen des Instituts der deutschen Wirtschaft (IW) über 100 Millionen Menschen weltweit durch die Nutzung des Internets in ihren Bann gezogen hat.[7]

Hinzu kommt die besondere Aufmerksamkeit, die digitalen Netzen von Seiten der Politik in steigendem Maße zuteil wird. Die Bedeutung als Wirtschaftsfaktor scheint erkannt und so wird weltweit mit entsprechenden Konzepten versucht, durch politische und rechtliche Weichenstellung, den Weg in die Informationsgesellschaft zu bahnen, wobei den USA hier eine Vorreiterstellung zukommt. Natürlich möchte auch niemand, weder Wirtschaft noch Politik, auf die geschaffenen und die für die Zukunft in Aussicht gestellten Arbeitsplätze verzichten, womit erklärt werden kann, warum die Nutzung des Internets unaufhaltsam vorangetrieben wird.

Politik und Wirtschaftsverbände scheinen im Internet das neue Wirtschaftswunder zu erkennen, das dazu dienen soll, konjunkturelle Probleme zu überwinden. Die Ausprägung und die Größe der Internetaktivitäten scheinen mittlerweile Gradmesser für eine belebte Konjunktur zu sein.

---

[6] vgl. Fiedler, Information als Wirtschaftsgut, Band 5, S. 61 ff.

[7] vgl. Ühlicke und Hoffmann in: Welt am Sonntag, 15.03.98, S. 50

Bezogen auf den "Electronic Commerce" erkennt man dann auch große Unterschiede zwischen den einzelnen Ländern. In den USA, wo Marktforscher den Gesamtmarkt für Internet-Shopping für das vierte Quartal 1997 auf ein Volumen von 75 Mio. Dollar schätzten,[8] hat sich der elektronische Handel schon weitgehend durchgesetzt. In Deutschland, wo Ende 1997 ca. 2,4 Mio. Internetanschlüsse registriert waren,[9] waren nach der damaligen W3B-Umfrage erst 37 % aller Internetnutzer bereit, Geschäfte bzw. Vertragsschlüsse via Internet zu tätigen,[10] was 1997 zu einem Jahresgesamtumsatz von DM 75 Mio. führte.[11] Prognosen aus dieser Zeit, die für die nächsten fünf Jahre ein Wachstum des Umsatzvolumens für gewerbliche Güter und Dienstleistungen auf 40 Mrd. DM für Deutschland in Aussicht stellten, haben sich weitgehend bewahrheitet.[12] Derzeit beträgt das Handelsvolumen im E-Business bei etwa 9 Mrd. US-Dollar, bis zum Jahr 2005 werden ca. 30 Mrd. US-Dollar prognostiziert. Besonders hohe Umsätze seien bei Flugbuchungen und im elektronischen Buchhandel zu erwarten. Im Jahr 1998 wurden in Deutschland bereits Flugreisen im Wert von 68,2 Mio. DM online verkauft. Bei Büchern lag die Erwartung bei einem Umsatz von 45,3 Mio. DM.[13]

Einen weiteren großen Boom könnte der Aktienhandel via Internet auslösen, der es jedem Nutzer ermöglicht, sich als Broker zu betätigen. Öffnungszeiten rund um die Uhr, der

---

8 ZD Internet Professionell, 1/98, S. 11
9 Datamonitor / Internetworld 4/98, S. 13
10 Allgemeine Zeitung, 13.06.98
11 Allgemeine Zeitung, 10.09.98, Wirtschaftsteil
12 Internetworld 4/98, S. 7

ersparte Weg zum Händler, schnellere Preisvergleiche und ein internationales Angebot sind die einleuchtenden Argumente, die den Erfolg des Online-Handels sichern sollen.[14]

Sicherheitsbedenken und mangelnde Standardisierung scheinen allerdings den Erfolg des elektronischen Marktplatzes, zumindest in Europa, noch aufzuhalten. Bei steigenden Wachstumszahlen und rosigen Zukunftsprognosen steigt nun auch die Nachfrage nach Aufklärung und das Sicherheitsbedürfnis in Bezug auf die rechtlichen Grundlagen des Internethandels. Damit finden sich viele Beteiligte oder potenzielle Kunden in einem Interessenkonflikt wieder.
Es bleibt abzuwarten, ob der elektronische Handel und damit auch das Medium Internet seinen Erfolgszug fortführen wird. Die Unterstützung der freien Wirtschaft und der Politik scheint durch die hohen Erwartungen, die in das Internet gesetzt werden, gesichert.

Zweifelsohne ist hier ein Netz von ungeheurer Komplexität entstanden, das mit seinem riesigen Datenvolumen den Beteiligten wie auch den Nutzern eine Vielzahl von Vorteilen bieten kann, wenn diese richtig genutzt und angenommen werden.

---

[13] Allgemeine Zeitung, 08.08.98, S. 4
[14] ZD Internet Professionell 1/98, S. 36 ff.

III. Die technische Durchführung von Kaufverträgen im Internet

Bevor auf die rechtliche Darstellung des eigentlichen Vertragsschlusses eingegangen werden soll (sogenanntes "E-Contracting"), sind zunächst für die rechtliche Einordnung die tatsächlichen technischen Abläufe von Bedeutung, die im folgenden dargestellt werden.

Beim Handel mit Hilfe elektronischer Mittel, auch "Electronic Commerce" genannt,[15] ergeben sich verschiedene Möglichkeiten der technischen Durchführung, wie zum Beispiel "Online-Shopping", "Download" und die individuelle "E-Mail-Versendung".

Wie der Abschluss von konventionellen Kauverträgen nach § 433 BGB, benötigt auch der über das Internet geschlossene Vertrag zwei übereinstimmende Willenserklärungen, um ein bindendes Verpflichtungsgeschäft eines Kaufvertrages zu begründen.

Aus Sicht der technischen Durchführung kommen für einen Vertragsschluss bzw. für die Übermittlung von Willenserklärungen im Internet verschiedene technische Möglichkeiten in Betracht.

Im Folgenden soll also zunächst die praktische Durchführung von Kaufverträgen erläutert werden, wie sie heute im Internet vorkommt.

---

[15] vgl. Strömer, Online-Recht, S. 83

Allen Durchführungsmöglichkeiten wird vorausgesetzt, dass der Nutzer mit Hilfe eines EDV-Systems und eines Modems einen Zugang zum Internet über einen Internet-Access-Provider oder Online-Dienst in Anspruch nimmt. Ist der Nutzer über einen Access-Provider an das Internet angeschlossen, kann er Zugriff auf die im Internet angebotenen Dienstleistungen und Anwendungen nehmen.

1. Online-Shopping

Die vom Access-Provider angebotenen Dienste enthalten u.a. die Möglichkeit, sich eine Homepage zu erstellen oder erstellen zu lassen, mit der man sich oder sein Unternehmen im Internet präsentieren kann. Auf solch eine Homepage kann dann jeder weitere Internetteilnehmer Zugriff nehmen. So kann ein Unternehmen, z.B. ein Kaufhaus, auf den teilweise sehr umfangreichen Homepages seine komplette Produktpalette zum Verkauf anbieten.

Diese Art des Einkaufs basiert auf dem Prinzip des Versandhandels und stellt im Prinzip die Weiterentwicklung des Teleshoppings dar. Der Kunde bestellt also über das Internet auf einer Homepage eine Ware und die Bestellung wird elektronisch registriert. Allerdings erfolgt die Bestellung, anders als bei der Telefonbestellung, ohne mündliche Kommunikation. Die Ware wird dem Kunden dann per Transportdienst zugestellt. Der Gläubiger steht beim Verfügungsgeschäft vor der

Möglichkeit, die Bezahlung per Nachnahme, auf Rechnung oder aber per elektronischem Zahlungsverkehr direkt bei Vertragsschluss noch vor Übergabe der Ware vorzunehmen.

Allerdings sei gesagt, dass gerade der elektronische Zahlungsverkehr erhebliche Risiken und Gefahren mit sich bringt, auf die an dieser Stelle aber nicht weiter eingegangen wird.[16] auch wenn in diesem Bereich immer wieder neue Methoden entwickelt werden und auf dem Prüfstand stehen, so konnte sich bis heute noch keine sichere Art des "cybercash" durchsetzen.[17]

Jedoch lassen sich trotz dieser Probleme, durch eine einfache Nachnahmesendung umgangen werden können, doch eine Menge Vorteile erkennen. Noch nie konnte die Bedarfsdekkung, da mittlerweile fast alle Güter im Internet angeboten werden, mit einer solchen Schnelligkeit, Leichtigkeit und weltweiter Mobilität ermöglicht werden. Genauso bietet das Internet damit auch einem Unternehmen eine unvergleichbar günstige Vertriebsform, die den Zugang zu einem weltweiten Markt ermöglicht.

---

[16] hierzu: Raßmann, CR 1998; S. 36,
Oberndörfer, NJW-CoR 2000, S. 228,
Strömer, Online-Recht, S. 115 ff.;
http://194.175.173.31/www.forum/ecash/index.html

[17] vgl. ZD Internet Professionell, Zur Kasse bitte, 1/98, S. 49

2. Download und Informationskauf

Hier läuft der technische Vorgang zunächst genauso wie beim Online-Shopping ab. Der Internet-Nutzer greift auf eine Homepage zu, auf den dazugehörigen Computern Dateien abgelegt sind, die dem Homepagebesucher angeboten werden. Bei den Angeboten handelt es sich meist um urheberrechtlich geschützte Werke gemäß §§ 1, 2, 69a ff. UrhG. Diese Dateien, seien es Software, Bilder, Filme, Werke der Musik oder Literatur, können dann über das Internet auf den eigenen Rechner geladen werden, was den Verkäufer bzw. den jeweiligen Nutzungsrechtinhaber wiederum zu einem entgeltlichen Anspruch berechtigt. Das Download ist aber dann unentgeltlich, wenn das jeweilige Werk vom Verkäufer bzw. vom Nutzungsrechtinhaber als Freeware oder frei nutzbar ausgezeichnet ist. Handelt es sich allerdings nicht um so genannte Freeware, besteht ein Entgeltanspruch, da das "Downloaden" eines Werkes hier ohne weiteres eine Vervielfältigung darstellt und der Käufer diese Vervielfältigung im Rahmen des Urheberrechtsgesetzes (privater Gebrauch, § 53 I, II UrhG) nutzen darf.

Obwohl es sich bei der Direkteinspielung (von Diskette oder CD) um die Einräumung eines einfachen Nutzungsrechts gemäß § 31 II UrhG handelt und damit ein immaterielles Gut vorliegt, sind hier nicht nur die Gewährleistungsrechte aus dem Rechtskauf (§ 437 BGB), sondern auch die Gewährleistungsrechte aus dem Sachkauf gemäß §§ 459 ff. BGB[18] ein-

[18] für eine Anwendung der §§ 459 ff.: BGHZ 102, 135, 143 = ZIP 1987, 1567

schlägig.[19] Dies ist auch auf Download-Käufe im Internet anzuwenden.

An dieser Stelle sei auch noch erwähnt, dass die Wahrnehmung der Urheberrechte im Internet ein sehr großes Problem darstellt. Zur Zeit werden im Internet millionenfach Werke angeboten, an denen die jeweiligen Anbieter keine Nutzungsrecht besitzen. Der Schaden, der durch eine solche unbefugte Art der Verbreitung den Nutzungsrechtinhabern und den jeweiligen Urhebern entsteht, ist hierbei enorm hoch.[20] Wohl populärstes Beispiel ist die Musiktauschbörse "Napster".[21] Dort konnte nahezu jedes beliebige Musikstück heruntergeladen werden, ohne dass hierfür ein Entgelt zu entrichten gewesen wäre. Nachdem "Napster" von der Musikindustrie wegen Umsatzeinbrüchen in Millionenhöhe verklagt worden ist, folgte kurz darauf der Verkauf an Bertelsmann. Hier sollte ein kostenpflichtiger Download unter Beteiligung und Billigung der Musikindustrie etabliert werden. Bislang kann man jedoch festhalten, dass dieses Projekt nahezu gescheitert ist, "Napster" ist nahezu bedeutungslos geworden. Jedoch sind andere (weiterhin kostenlose) Tauschbörsen nachgerückt. Ein Schadensersatzanspruch des Urhebers in Deutschland kann hier aus § 97 UrhG hergeleitet werden. Der Urheberrechtsverletzer kann sich weiterhin gemäß § 106 UrhG strafbar machen.[22]

---

[19] hierzu ausführlich: Sickinger, Vertrieb von Standardsoftware, S. 111 ff.

[20] vgl. Wendel, Wer hat Recht im Internet?, S. 25 ff.; Strömer, Online-Recht, S. 136 ff.

[21] http://www.napster.com

[22] vgl. Amtsgericht Nagold, Urteil vom 31.10.95 - Ds 25Js 1348/94- "Mailbox: Download", CR 1996, S. 240

Zur Beseitigung dieses Missstandes sind neben den Gerichten auch die Verwertungsgesellschaften aufgefordert tätig zu werden, die für die Wahrnehmung der Urheberrechte beauftragt werden.

Beim Informationskauf werden dem jeweiligen Nutzer beim Zugriff auf eine Homepage bestimmte Daten oder Informationen zugänglich gemacht, die dieser benötigt. Hier kann es sich um Nachrichten oder gesammelte Informationen wie Datenbanken, die ebenfalls unter das UrhG fallen,[23] und Dateien handeln.

Die Bezahlung erfolgt beim Download entweder über einen erhöhten Telefongebührentarif (zum Beispiel sogenannte Dialer, die eine 0190er Rufnummer anwählen) oder per Lastschrifteinzug bzw. electronic cash (e-cash).
Ob es sich bei diesen Geschäften um einen reine Kaufvertrag handelt, erscheint fraglich, da auch dienstleitungs- und werkvertragliche Elemente erkennbar sind.

3. Electronic Mail (E-Mail)

Das Verschicken von Briefen über die Computernetze (meist Electronic Mail oder E-Mail genannt) ist der bekannteste und meist genutzte Kommunikationsdienst, den das Internet zu

[23] Art. 7 des Informations- und Kommunikationsgesetzes (IuKDG):

bieten hat. Die Möglichkeit, E-Mail zu nutzen, bietet sich jedem, der eine E-Mail-Adresse im Internet hat. Eine solche Adresse bekommt der Nutzer normalerweise direkt mit dem Zugang durch einen InternetAccess-Provider bzw. Onlinedienst zugeteilt. Auf dem Server des Access-Providers wird dem Nutzer Speicherplatz, auch Mailbox genannt, zugewiesen, auf dem für die Zeit, in dem sich der Nutzer offline befindet, die Post, die ihm zugeht, gespeichert ist. Diese E-Mails können dann jederzeit vom Empfänger abgerufen werden. Voraussetzung ist, dass der Empfänger im Onlinezustand seine Mailbox leert.[24] Ist der Nutzer online, wird ihm die E-Mail direkt auf den Bildschirm geschickt.

Beim Verschicken von Nachrichten ist es nötig, dass diese Zieladresse bekannt ist. Bei der elektronischen Kommunikation werden die Adressen in einer speziellen Form angegeben. Dabei muss die Zieladresse exakt eingegeben werden, denn Tippfehler oder Auslassungen verhindern eine Übertragung an die eigentliche Empfangsadresse. Eine Ausnahme bildet insoweit lediglich die Möglichkeit der Nichtbeachtung von Groß- und Kleinschreibung. Die Versendung an eine E-Mail-Adresse dauert in der Regel, wenn überhaupt, nur wenige Sekunden und ist weitaus günstiger als die bisher bekannten Kommunikationsarten, auch wenn der Empfänger am anderen Ende der Welt wohnt.

So können die Nutzer mit der Absendung von E-Mails über das Internet kommunizieren und natürlich auch ihren Willen

---

"Änderung des UrhG"

[24] vgl. Ultsch, NJW 1997, S. 3007

mitteilen sowie Erklärungen abgeben. Hier hat sich auch der "Chat-Talk" entwickelt, der es ermöglicht, eine direkte schriftliche Frage-Antwort-Kommunikation durchzuführen. Jede abgesendete Erklärung wird innerhalb von Sekundenbruchteilen zum Empfänger übermittelt und erscheint auf dessen Bildschirm.

Weiterhin bietet die E-Mail die Möglichkeit, einen Anhang mitzusenden, den man mit einer Art Anlage beim Briefverkehr vergleichen kann. Im Anhang können digitalisierte Schriftstücke aller Art, wie Protokolle, Entwürfe, Bilddateien (Muster, Fotos, Logos usw.) oder Musikdateien, enthalten sein.

IV. Der Vertragsschluss (E-Contracting)

Allgemein besteht das Wesen des Vertrages darin, dass mehrere Personen im Zusammenwirken miteinander übereinstimmend gewollte Rechtswirkungen hervorrufen. Der Vertragsschluss besteht daher aus zwei oder mehreren sich deckenden Willenserklärungen, wobei von jeder Vertragspartei eine Erklärung gefordert wird, die sich auf das Einigsein der Rechtsfolgen bezieht und darauf, dass die Rechtsfolgen herbeigeführt werden sollen. Sind die Erklärungen der Vertragsparteien übereinstimmend abgegeben worden, so ist eine Übereinstimmung hinsichtlich der hauptsächlichen Rechtswirkung des Geschäfts erzielt. Damit entstehen für die Parteien die verabredeten Rechtspflichten.[25]

Auf Geschäfte bzw. Vertragsschlüsse im Internet, egal ob es sich nun um Kauf-, Dienstleistungs-, Miet-, Werk- oder sonstige Verträge handelt, sind die Normen über das Zustandekommen von Verträgen gemäß §§ 145 ff. BGB sowie der Willenserklärungen gemäß §§ 116 ff. BGB aus dem allgemeinen Teil natürlich auch anzuwenden. Das BGB enthält bis auf § 147 I, S. 2 BGB und § 120 BGB allerdings keine speziellen Regeln für Rechtsgeschäfte in Datennetzen. Das BGB hat sich aber hinsichtlich Anpassungen auf technische Neuerungen als sehr flexibel erwiesen.[26] So sei erwähnt, dass sich der Electronic Commerce nicht nur auf Verträge bezieht, die Online geschlossen werden, sondern genau genommen auch auf den Vertragsschluss per Telefax oder Telefon, da bei beiden Me-

---

[25] vgl. Schwab, Einführung in das Zivilrecht, S. 207

thoden elektronische Kommunikationswege genutzt werden. Hier hat die Rechtsprechung bei der Anwendung der entsprechenden BGB-Normen schon eine gewisse Vorarbeit geleistet, die man eventuell auf den Vertragsschluss im Internet heranziehen kann.[27]

Bevor im Folgenden zunächst näher auf das reine Zustandekommen von Verträgen im Internet und die damit verbundenen Problematiken eingegangen werden soll, muss gesagt werden, dass sich zur Zeit nicht jeder Kaufvertrag über das Internet abschließen lässt, da das Gesetz für manche Verträge gewisse Formvorschriften verlangt.

1. Formerfordernisse

Grundsätzlich gilt für Willenserklärungen die Formfreiheit, allerdings nicht ohne Ausnahme. Vielfach wird die rechtsgeschäftliche Erklärungshandlung in Gestalt einer Urkunde, d.h. in schriftlicher Form gemäß § 126 BGB verlangt. § 125 BGB schreibt bei Ermangelung der durch das Gesetz geforderten Form die Nichtigkeit des jeweiligen Rechtsgeschäftes vor.[28] Der gesetzlichen Schriftform bedarf u.a. die Bürgschaftserklärung gemäß § 766 BGB oder Mietverträge nach § 566 BGB. Zum Wirksamwerden eines Kreditvertrages zwischen einem Verbraucher und einer Person, die gemäß § 1 VerbrKrG in

---

[26] vgl. Schwab, Einführung in das Zivilrecht, S. 207
[27] vgl. Strömer, First Surf -http: www./firstsurf.com 15.06.98
[28] vgl. Schwab, Einführung in das Zivilrecht, Rdnr. 458

Ausübung ihrer gewerblichen und beruflichen Tätigkeit Kredite gewährt, bedarf es gemäß §§ 4, 6 VerbrKrG ebenfalls der Schriftform. Hier ist gerade in Bezug auf das Internet zu beachten, dass Kreditverträge zwischen zwei Privatpersonen nicht unter das VerbrKrG fallen und damit nicht der Schriftform bedürfen.[29]

Die gesetzliche Schriftform fordert die eigenhändige Unterschrift des Erklärenden auf einer verkörperten Willenserklärung. Allerdings werden elektronische Übermittlungen, egal ob es sich um Telefax- oder Interneterklärungen handelt, immer nur als Unterschriftskopien angesehen, da sie immer durch einen Ausdruck sichtbar gemacht werden müssen und damit nie mit einer eigenhändigen Unterschrift versehen sind. Daher sind elektronisch übermittelte Willenserklärungen genauso wie auf einer Festplatte gespeicherte Dokumente nach ganz überwiegender Ansicht keine Schriftstücke[30] und damit mangels der geforderten Schriftform unwirksam.[31] Dies trifft eben auch auf im Internet geschlossene Verträge zu, die eine gewisse Form erfordern.

Allerdings gilt dies nicht für die Erklärungen, die § 350 HGB erfasst und unter Kaufleuten abgegeben werden. Hier ist durch die Formfreiheit die mündliche und damit auch eine elektronische Erklärung wirksam.

---

[29] vgl. Wendel, Wer hat Recht im Internet ?, S. 120

[30] vgl. Fritsche/Malzer, DNotZ, 1995, S. 3, 19;
Roßnagel, NJW-CoR 1994, S. 96;
Heun, CR 1994, S. 2;
Kuhn, Rechtshandlungen mittels EDV, S. 126 f.

[31] vgl. Palandt-Heinrichs, § 126, Rdnr. 7

Durch die Änderung des HGB vom 01.07.1998,[32] wodurch die Unterscheidung der einzelnen Kaufleute nach Muss- (§ 1 HGB) Soll- (§ 2 HGB), Minderkaufmann (§ 4 HGB) entfiel, kommt der nun allgemeinen Istkaufmannseigenschaft nach § 1 HGB (neue Fassung) auch im Internet besondere Bedeutung zu. Nur der Kaufmann, der nach Art und Umfang keinen in kaufmännischer Weise eingerichteten Geschäftsbetrieb führt (§ 1 II HGB) und nicht in das Handelsregister (§ 3 I HGB) eingetragen ist, muss sich nicht als Istkaufmann behandeln lassen. Die Kriterien für das Bestehen eines in Art und Umfang in kaufmännischer Weise eingerichteten Geschäftsbetriebes sind unter anderem Umsatz, Mitarbeiterzahl und das Bestehen einer kaufmännischen Buchführung.

Gerade letzteres sollte bei Internetgeschäften, durch die elektronische Erfassung und den anschließenden Verkauf von Waren, in den meisten Fällen gegeben sein. Weiterhin erhöht sich, durch die Anonymität und die Präsentationsmöglichkeiten im Internet, die Möglichkeit für die Behandlung als Scheinkaufmann.[33]

Ob die gewillkürte Schriftform, die in § 127 I, S. 2 BGB einige Erleichterungen an die Formerfordernisse gestattet, durch die Techniken der modernen Kommunikation gewahrt werden können, richtet sich nach konkreten Absprachen und der Verkehrssitte.[34]

---

[32] vgl. BGBl. I 1998, S. 1474 (Gesetz v. 22.6.1998)
[33] hierzu Brox, Handels- und Wertpapierrecht, Rdnr. 94
[34] vgl. Medicus, Allgemeiner Teil des BGB, Rdnr. 638; Schwab, Einführung in das Zivilrecht, Rdnr. 464

Die Übermittlung eines geeigneten Schriftstückes durch Telefax wird für die gewillkürte Schriftform überwiegend als ausreichend angesehen.[35] Eine E-Mail dürfte damit den Ansprüchen der telegrafischen Übermittlung ebenfalls Genüge tragen.

Ebenfalls nach § 125 BGB nichtig sind Internetverträge, die nach § 128 BGB der notariellen Beurkundung bedürfen. Hierzu gehören unter anderem Verträge über gegenwärtiges Vermögen gemäß § 311 BGB, Grundstücksverkauf und Belastungen von Grundstücken gemäß §§ 313, 873 II BGB,[36] aber auch Gesellschaftsverträge nach § 2 GmbHG und § 23 AktG, wobei hier bei Ermangelung der notariellen Form die Vorschriften über Vorgründungsgesellschaft Anwendung finden können.
Eine notariell beglaubigte Urkunde, die die jeweiligen Willenserklärungen enthält, muss von den Beteiligten und von einem Notar eigenhändig unterschrieben werden.[37] Da eine eigenhändige Unterschrift im Internet auch hier wiederum nicht möglich ist, führt dies zur Unwirksamkeit des Vertrages.
Man sieht also, dass einige Geschäfte im Internet, mangels der Anforderungen an die notwendigen Formerfordernisse, noch nicht geschlossen werden können.

Weiterhelfen soll hier die "digitale Signatur", geregelt im Signaturgesetz (SigG), das in seiner ursprünglichen Fassung am 1. August 1997 in Kraft trat. Genauer ist hier der Begriff der "elektronischen Kennzeichnung von Dokumenten", da es

---

[35] vgl. BGH, NJW-RR 1996, 866
[36] vgl. Palandt-Heinrichs, § 128, Rdnr. 2

sich nicht um die Kennzeichnung einer Unterschrift, sondern eines ganzen Dokumentes handelt. Durch die digitale Signatur wird die E-Mail von einer Zertifizierungsstelle oder Behörde gemäß §§ 2,3 SigG zertifiziert, so dass nachgewiesen werden kann, dass eine bestimmte Nachricht von einem genau bestimmbaren Absender stammt. Um den Absender eindeutig identifizieren zu können, wird jedem Benutzer ein bestimmter Schlüssel zugeordnet. Die Unterschrift, der die Urkunde zugeordnet werden soll, wird mit einem privaten Signaturschlüssel erzeugt. Mit Hilfe eines zugehörigen öffentlichen Schlüssels kann die Echtheit der Signatur und die Unverfälschtheit der Urkunde (§ 2 I SigG) festgestellt werden.[38]

Nach dem nunmehr geltenden SigG (vgl. hierzu sogleich unten) wird zwischen drei verschiedenen Stufen der Signaturerzeugung unterschieden. Die einfache Signatur wird von den Regelungen des Signaturgesetzes nicht erfasst. Sie ist lediglich die (nicht verbotene) digitale Unterschrift, die allerdings nicht der Schriftform gleichgestellt ist, arg. aus § 126 III BGB. Die qualifizierte elektronische Signatur erfüllt die Voraussetzungen des § 2 III SigG. Hierzu bedarf es eines sogenannten qualifizierten Zertifikats, welches letztlich eine elektronische Bescheinigung über die Zuordnung des Signaturprüfschlüssels zu einer natürlichen Person darstellt, so dass letztere identifizierbar wird, § 2 Ziffern 6, 7.

Die dritte Stufe ist die Zertifizierung über einen akkreditierten Zertifizierungsdiensteanbieter gemäß § 15 SigG. Diesen ak-

---

[37] vgl. Palandt-Heinrichs, § 128, Rdnr. 1

[38] vgl. Deville/Kalthegener, NJW-CoR 1997, S. 169 ff.

kreditierten Signaturen kommt ein noch höherer Beweiswert als den qualifizierten elektronischen Signaturen zu.[39]

Die elektronische Schriftform von Dokumenten, wie man das Verfahren nach dem SigG nennen könnte, scheint so sicher zu sein, dass diskutiert wird, ob die Rechtswirkung der elektronischen Unterschrift erweitert wird und der Schriftform letztlich völlig gleichgestellt werden soll. Die Praxis forderte aber zur Anpassung einen zu schaffenden und in das BGB einzufügenden § 126a, der in unterschiedlichsten Entwürfen vorlag;[40] der Entwurf der offenen Arbeitsgruppe der Bundesnotarkammer hat sich indes nicht durchsetzen können (siehe Anhang I). Ab 1. Januar 2002 wird jedoch die sogenannte elektronische Form durch § 126a BGB geregelt, der Bezug auf das SigG nimmt.[41] Wofür auch sonst, außer zur erleichternden Anwendung als gerichtliches Beweismittel, sollte das SigG dienen, da man ja auch durch eine Schriftformanpassung schon gerichtlichen Streit im Vorfeld vermeiden könnte. Außerdem ist eine Warnfunktion vor Geschäftsabschluss, zu der die Schriftform hauptsächlich dienen soll, durch das doch eher aufwendigere Verschlüsselungsverfahren weiterhin gegeben.

Dem erstgenannten Punkt kommt jedoch besondere Bedeutung zu. Erst die Novellierung des Signaturgesetzes durch den Bundestag am 15. Februar 2001 aufgrund der von der Euro-

---

[39] hierzu insgesamt:
http://www.signtrust.de,
http://www.regtp.de,
http://www.telesec.de

[40] vgl. Erber-Faller, in: Die digitale Kommunikation, S. 130;
Deville/Kalthegener, NJW-CoR 1997, S. 171;
Ebbing, Schriftform und E-Mail, CR 1996, S. 271 ff.

[41] Gesetz über die Rahmenbedingungen bei elektronischen Signaturen vom 16.05.2001, BGBl. I S. 876.

päischen Union 1999 verabschiedeten Signaturrichtlinie[42] bestimmt, dass einer (einfachen) elektronischen Signatur nicht generell die Rechtsgültigkeit und die Zulässigkeit als Beweismittel abgesprochen werden darf (vgl. Art. 5 II der Richtlinie).

Generell muss dem Anwender klar sein, dass hier eine Autorisierung des Textes erfolgt und es eine "zufällige" Unterschrift durch das Drücken einer Taste nicht gibt.[43]

Natürlich bietet das Gesetz jedenfalls zusätzliche Rechtssicherheit für die Nutzer, immer vorausgesetzt, der Rechtsverkehr kann sich auf das Verfahren und die Zertifizierungsstelle verlassen.

Erwähnt sei, dass die elektronische Unterschrift nicht die notarielle Beurkundung, sondern nur die Unterzeichnung ersetzen sollte, so dass sich die elektronische Signatur nur auf die Erfordernisse der Schriftform beschränkt.

Für solche außerordentlichen Geschäfte, wie Immobilienkauf und Verträge über gegenwärtiges Vermögen, sollte man es weiterhin bei der bisherigen Form des § 128 BGB belassen, um wirksam auf die weitreichenden Folgen verweisen zu können.

---

[42] Richtlinie 1999/93/EG des Europäischen Parlaments und des Rates vom 13. Dezember 1999 über gemeinschaftliche Rahmenbedingungen für elektronische Signaturen, ABl.EG Nr. L 13 v. 19.01.2000

[43] vgl. Deville/Kalthegener, NJW-CoR 1997, S. 172

2. Die Willenserklärung im Internet

Bei allen oben aufgeführten Durchführungsmöglichkeiten zum Vertragsschluss werden im Rechtsverkehr Willenserklärungen benutzt. In der Literatur haben sich verschiedene Bezeichnungen für die mit Hilfe eines Computers elektronisch übermittelten Erklärungen ergeben. Zum Teil wird von Computererklärungen oder von automatisierten Erklärungen gesprochen.[44] Hier soll allerdings der Begriff der elektronischen Willenserklärung benutzt werden, der sich wohl auch mittlerweile in der Literatur durchgesetzt hat.[45]

Die Willenserklärungen, die auf elektronischem Weg über Datenleitungen abgegeben werden, sind in aller Regel ebenso rechtsverbindlich wie Erklärungen, die mündlich oder schriftlich abgegeben werden, es sei denn, es bedarf der besagten gesetzlichen Schriftform.[46] Voraussetzung ist allerdings, dass der Einsatz eines Computers auf dem Willen des Anlagenbetreibers beruht und dass dieser sich die vom Computer erstellte Erklärung als eigene Willenserklärung zurechnen lassen will oder zurechnen lassen muss.[47]

Für die "Erklärung eines Menschen" reicht es aus, dass der vom Computer vorgenommene oder transportierte Erklärungsakt letztlich auf einem menschlichen Willen beruht. Dies trifft auf eine elektronische Willenserklärung zu, da eine EDV-Anlage nie eigene Entscheidungen trifft, sondern dies auf Durchführung vorgegebener Vergleiche und Verknüpfungen

---

[44] vgl. Mehrings, MMR 1998, S. 31

[45] vgl. Ernst, NJW-CoR 1997, S.165; Ultsch, NJW 1997, S. 3007

[46] vgl. Stroemer, Online-Recht, S. 86

geschieht, zu deren Steuerung Programme und Daten zugeführt werden müssen.[48]

Da eine DV-Anlage nicht mehr kann als die vom Menschen aufgespielten Programme, legt der Mensch selbst die Rahmenbedingungen und die maßgeblichen Parameter fest. Auch wenn die Herstellung einer Willenserklärung teilweise einem Computer überlassen wird und damit nicht auf dem konkreten Rechtsfolgewillen des Betreibers beruht, arbeitet der Computer auf Grundlage des allgemeinen Handlungswillens und "allgemeinen Erklärungsbewusstseins" seines Betreibers.[49]

Da der Einsatz einer DV-Anlage und des Internets den Geschäftsabschluss beschleunigen soll und der Betreiber sich gerade dies zunutze machen will, ist schon allein deshalb eine Zurechnung als eigene Willenserklärung gegeben und auch notwendig.[50]

Ob man also im Zusammenhang mit dem Internet noch den Begriff der Computererklärung[51] verwenden soll, scheint fraglich, da der Computer nur als Mittel zum Transportieren, Verarbeiten und Beschleunigen der Willenserklärung dient, aber eben immer auf den generellen Willen des Nutzers zurückzuführen ist.

Die Zurechnung als eigene Willenserklärung scheint also bei der elektronischen Erklärung keine Probleme aufzuwerfen, so

---

[47] vgl. Mehrings, MMR 1998, S. 31

[48] vgl. Brauner, Das Erklärungsrisiko beim Einsatz elektronischer DV-Anlagen, S. 40;
Mehrings, MMR 1998, S. 31

[49] vgl. Kuhn, Rechtshandlungen mittels EDV, S. 58

[50] vgl. Staudinger / Dilcher, Kommentar um Bürgerlichen Gesetzbuch, Vor §§ 116-144, Rdnr. 6

dass es ohne weiteres möglich ist, Rechtsgeschäfte im Internet zu tätigen bzw. Willenserklärungen abzugeben.

Fraglich scheint vielmehr, wann eine elektronische Willenserklärung wirksam wird und wann die zum elektronischen Vertragsschluss erforderliche Abgabe zweier sich deckender Willenserklärungen vorliegt.

a) Abgabe und Zugang elektronischer Willenserklärungen

Bevor eine Willenserklärung überhaupt wirksam werden kann, muss sie vom Erklärenden abgegeben werden. Dies liegt dann vor, wenn der Erklärungsvorgang beendet wurde und wenn die Erklärung willentlich in Richtung des Empfängers in den Rechtsverkehr entäußert wurde. Das ist bei einer elektronischen Willenserklärung, egal ob E-Mail oder Online-Shopping, der Fall, wenn der Erklärende den endgültigen Sendebefehl (Onlinebefehl) willentlich erteilt hat.[52] Ein Sendebefehl sollte regelmäßig die endgültige Betätigung der Maus- oder Returntaste sein. Dies gilt für empfangsbedürftige, nicht aber für nichtempfangsbedürftige Willenserklärungen, die allerdings im elektronischen Geschäftsverkehr eher selten anzutreffen sind.

---

[51] a.A.: Mehrings, MMR 1998, S. 31
[52] vgl. Ultsch, NJW 1997, S. 3007

Eine Willenserklärung bedarf nach deutschem Recht zum Wirksamwerden zunächst des Verlassens der Sphäre des Erklärenden. Empfangsbedürftige Willenserklärungen müssen darüber hinaus in die Sphäre des Erklärungsempfängers eintreten. Sie müssen also zugehen oder vernommen werden.
Der Zugang ist gemäß § 130 BGB bei verkörperten Willenserklärungen erforderlich; die Vernehmung bei nicht verkörperten.[53] Es gilt also zunächst festzustellen, um welche der beiden genannten Erklärungen es sich bei elektronischen Willenserklärungen handelt.
Es ist daher bei der Frage nach der verkörperten oder nicht verkörperten Erklärung zunächst zu unterscheiden, ob die Erklärung bloß elektronisch erstellt oder darüber hinaus auch elektronisch übermittelt wird. Letzteres soll für elektronische Erklärungen gelten. Da elektronische Willenserklärungen beim Empfänger als Datei abgespeichert werden und jederzeit abrufbar sind, kann man von einer verkörperten Erklärung ausgehen. Da für den Fall, dass eine Erklärung auf einem Datenträger übersendet wird, ebenfalls eine verkörperte Erklärung vorliegt,[54] ist dies auch auf eine in elektronischer Form übersendete Willenserklärung anzuwenden.

Weiterhin bedarf es der Klärung, ob es sich um eine Willenserklärung bzw. ein Angebot unter An- oder Abwesenden handelt.
Ist eine direkte Kommunikation möglich, z.B. mit integrierter Telefon- oder sogar Video-Software bzw. eine direkte Verbin-

[53] vgl. Ultsch, NJW 1997, S. 3007
[54] vgl. Kuhn, Rechtshandlungen mittels EDV, S. 98;

dung zwischen Rechnern, muss die Willenserklärung gemäß § 147 I, S. 1 BGB sofort angenommen werden.[55] Es handelt sich bei dieser Art der Kommunikation um unverkörperte Willenserklärungen unter Anwesenden, bei denen nach herrschender Ansicht die Vernehmungstheorie anzuwenden ist.[56] Unter § 147 I, S. 1 BGB könnte ebenfalls der kurzfristige Austausch von E-Mails, der so genannte "Chat-Talk", fallen. Der Erklärende und der Erklärungsempfänger können sozusagen schriftlich in einer Frage-Antwort-Form online kommunizieren und Willenserklärungen abgeben, was dem Telefonieren sehr nahe kommt.[57] Es könnte sich somit um eine verkörperte Willenserklärung unter Anwesenden handeln und dafür sollte eben doch § 147 I, S. 2 BGB einschlägig sein, da die Empfänger ihre Anwesenheit durch sofortige schriftliche Antworten bestätigen. Die Parallelen zur telefonischen Erklärung, die ebenfalls unter § 147 I, S. 2 BGB fällt, sind auffallend groß. Die Willenserklärung ist hier dann wirksam zugegangen, wenn der Empfänger sie verstanden hat.

Fraglich und umstritten ist aber eben gerade, ob der beim Chat-Talk gewählte, schriftliche Austausch von Erklärungen, die mittels einer Eingabehilfe, wie einer Tastatur, vorgenommen werden, auf einen Antrag unter Abwesenden schließen lässt, da die Teilnehmer nicht, wie beim Telefonieren, miteinander sprechen. Einigen Ansichten nach kommt diese Form eher einem in Echtzeit geführten Briefwechsel gleich und hier

---

Köhler, AcP 182 (1982), S. 140

[55] Ernst, NJW-CoR 1997, S. 166

[56] hierzu: Schwab, Einführung in das Zivilrecht, Rdnr. 466

[57] vgl. Rieskenampff, in: Rechtsprobleme im Internet, S. 6, http//:moeschel.de;

wird die Erklärung mit dem Zugang wirksam.[58] Allerdings lässt der Begriff "Echtzeit" wiederum die Vermutung für die Anwendung der Vernehmungstheorie zu.
Ob diese Unterscheidung jedoch für die Praxis relevant ist, sei dahingestellt, denn beide Modelle führen in nahezu allen Fällen zu identischen Ergebnissen.
Beide Ansichten sind daher vertretbar, jedoch spricht vieles von der Tendenz her für die Abgabe von Willenserklärungen unter Anwesenden.

Der viel häufigere Fall beim Internetvertragsschluss wird allerdings sein, dass der Empfänger nicht anwesend ist oder zumindest als nicht anwesend angesehen werden kann, da die Willenserklärung zunächst von einer EDV-Anlage empfangen und gespeichert wird. Falls die Erklärung vom Internetteilnehmer abgegeben wird, findet nach überwiegender Meinung § 147 I, S. 2 BGB keine Anwendung, da die vorausgesetzte individuelle Nachfragemöglichkeit und Prüfung des Erklärungsinhaltes in diesem Fall nicht gegeben ist.[59] Es gilt daher die Annahmefrist des § 147 II BGB. Wegen der hohen Übertragungsgeschwindigkeit verkürzt sich die Frist von Angebot und Annahme auf die Bearbeitungs- und Überlegungszeit des Empfängers des Angebotes. Teilweise kann der Antragende eine sofortige Annahmeerklärung erwarten, wenn mit einem 24-Stunden-Service geworben wird. Man kann also sagen,

---

im Ergebnis: Lehmann, Internet und Multimedia, S. 173

[58] vgl. Wendel, Wer hat Recht im Internet ?, S. 92 ff.

[59] vgl. Mehrings, MMR 1998, S. 32;
Ernst, NJW-CoR 1997, S. 165, 166;
Heun, CR 1994, S. 595, 597

dass der Empfänger eines Angebotes, der ein Buchungs- und Bestellsystem einsetzt, fast vollständig auf die ihm gewährte Überlegungs- und Bearbeitungszeit verzichtet.[60]

Weiterhin wird eine Willenserklärung unter Abwesenden gemäß § 130 I BGB erst wirksam, wenn sie zugegangen ist. Die Willenserklärung muss nach allgemeiner Ansicht so in den Machtbereich des Empfängers gelangt sein, dass unter gewöhnlichen Verhältnissen damit zu rechnen ist, dass er vom Inhalt der Erklärung Kenntnis nehmen kann.[61]

Eine Erklärung ist insbesondere dann in die Sphäre des Empfängers eingetreten, wenn sie eine Vorrichtung erreicht, die für den Empfang von Willenserklärungen vorgesehen ist (Empfangsvorrichtung). Bei Erklärungen, die von einem "Mailbox-System" empfangen werden, könnte der Eintritt in den Machtbereich dann gegeben sein, wenn die Erklärung gespeichert und für den Empfänger abrufbar ist. Fraglich ist hier, ob eine "Mail-Box" eine Empfangsvorrichtung in Form eines elektronischen Briefkastens darstellen kann, was den Empfänger dazu zwingen würde, seine Mailbox regelmäßig auf eingegangene Nachrichten zu untersuchen.

Eine Nachforschungspflicht trifft nämlich denjenigen, der einen Hausbriefkasten anbringt, da durch das Anbringen zum Ausdruck gebracht wird, dass der Briefkasten zum Empfang von Willenserklärungen zur Verfügung steht. Eine Mail-Box stellt demnach dann eine Empfangsvorrichtung dar, wenn der

---

[60] vgl. Mehrings, MMR 1998, S. 33

[61] vgl. Palandt-Heinrichs, § 130, Rdnr. 5,
BGH 67, 275 = NJW 1980, 990, NJW 1983, 929,
BAG NJW 1984, 1651, NJW 1993, 1093

Inhaber im Geschäfts- bzw. Rechtsverkehr mit seiner E-Mail-Adresse auftritt.[62] Das trifft auf E-Mail-Empfangsvorrichtungen schon dann zu, wenn die Adresse in einem Internet-Adressbuch gespeichert und abrufbar ist. Mit dem Eintreffen in die Empfangsvorrichtung ist demnach die Erklärung in den Machtbereich des Empfängers eingetreten.

Weiterhin muss für den Zeitpunkt des Zugangs darauf abgestellt werden, dass die Möglichkeit der Kenntnisnahme der zu empfangenden Erklärung gegeben ist. Bei Briefen ist dies der Zeitpunkt, zu dem gewöhnlich die Briefkastenleerung erfolgt bzw. der Empfänger üblicherweise die Post an sich nimmt. Da elektronische Mitteilungen jederzeit eintreffen können, ist allerdings je nach den Umständen in sehr kurzer Zeit mit der Möglichkeit der Kenntnisnahme zu rechnen. Es ist daher gerade im geschäftlichen Bereich nicht auf die Kenntnisnahmemöglichkeit wie bei Briefermittlungen abzustellen,[63] sondern eher auf die Kenntnisnahme bei der Telefaxübermittlung. Hier gilt, dass mit der Kenntnisnahme bei geschäftlich genutzten Anschlüssen stets während der Geschäftsstunden mit dem Eingang zu rechnen ist.[64] Dies ist entsprechend auf die elektronische Post bzw. E-Mails anzuwenden.

Wer einen elektronischen Briefkasten einrichtet und durch Veröffentlichung und Weitergabe seiner E-Mail-Adresse den Briefverkehr eröffnet, muss der Obliegenheit genügen, die sich daraus ergibt, dass der Absender damit rechnet, dass seine Post alsbald zugeht.[65] Der Geschäftsmann muss also dafür

---

[62] vgl. Ultsch, NJW 1997, S. 3007
[63] zutreffend Ultsch, NJW 1997, S. 3008
[64] vgl. Palandt-Heinrichs, § 130, Rdnr. 7
[65] vgl. für Telefax BGHZ 67, 271 (278)=NJW 1977, 194

sorgen, dass die Empfangsvorrichtung geöffnet wird und muss sich ggf. die aus einem Versäumnis entstehenden Folgen zurechnen lassen.
Die im Laufe des Tages abgesandte Erklärung ist spätestens mit dem Geschäftsschluss zugegangen, da eine E-Mail oder elektronische Post unmittelbar nach dem Absenden in den Zugriffsbereich des Empfängers gelangt und keine Beförderungszeiten entstehen.[66] Gerechtfertigt könnte also sogar eine mehrfache Nachforschungspflicht pro Tag sein, um die Vorteile der E-Mail-Kommunikation zu gewährleisten.[67]

Gerade für den Geschäftsmann, der seinen E-Mail-Anschluss im öffentlichen Rechtsverkehr als Empfangsvorrichtung nutzt, kann dies schwerwiegende Folgen haben. Neben den §§ 416 und 516 BGB, wo das "Schweigen im Rechtsverkehr" als Zustimmung gilt, gibt es zum Schweigen bei den Kaufleuten aus dem Grundgedanken des § 362 HGB heraus gewisse Besonderheiten. Für den Abschluss und das Zustandekommen von Kaufverträgen ist hier insbesondere das kaufmännische Bestätigungsschreiben hervorzuheben. Hier gilt kraft Gewohnheitsrecht das Schwiegen auf ein Schreiben als Zustimmung, womit der Vertrag mit dem Inhalt des Schreibens geschlossen wird.[68] Wird ein Vertrag per E-Mail zwischen zwei Kaufleuten geschlossen, sollte das anschließende kaufmänni-

---

66 vgl. Ernst, NJW-CoR, 1997, S. 166;
Schwab, Einführung in das Zivilrecht, Rdnr. 473;
OLG Köln NJW 1990, 1608
Vehslage DB 2000, S. 1803

67 so auch: Schwab, Einführung in das Zivilrecht, Rdnr. 473

68 Brox, Hans, Handels- und Wertpapierrecht, Rdnr. 290 (zum kaufmännischen Bestätigungsschreiben)

sche Bestätigungsschreiben ebenfalls auf diese Weise möglich sein. Weiterhin muss der Kaufmann, der eine E-Mail-Adresse ausgibt und unter dieser wirbt, immer damit rechnen, dass ihn rechtsverbindliche Erklärungen auf diese Weise erreichen können.[69]

Fraglich ist, welche Maßstäbe im privaten Rechtsverkehr anzusetzen sind. So wird teilweise die Meinung vertreten, dass einem Mailbox-Inhaber, der seine Adresse nur zu gesellschaftlich-sozialen Zwecken, also auch im Privatbereich, nutzt, nicht die Obliegenheit aufgebürdet werden kann, seine Mailbox regelmäßig auf Nachrichten zu untersuchen.[70] Andere wiederum sind der Ansicht, dass vom Privatmann durchaus erwartet werden kann, zumindest einmal pro Tag seinen elektronischen Briefkasten zu leeren, so dass eine E-Mail spätestens am nächsten Tag zugeht.[71]

Auf jeden Fall sind mildere Maßstäbe als im geschäftlichen bzw. gewerblichen Bereich anzulegen, und es wird wohl für die Zukunft auch darauf ankommen, inwieweit sich eine E-Mail-Adresse nach der Verkehrsanschauung als Bereitschaft zum Empfang von Willenserklärungen deuten lässt. Zur Zeit dürfte im privaten Bereich eine regelmäßige Nachforschungspflicht noch nicht gegeben sein. Auch wird man in diese Überlegungen einbeziehen müssen, um welche Art von Mailbox es sich auf Empfängerseite handelt. Sogenannte Online-Mailboxen wie bei gmx oder directbox werden in der Regel

---

[69] Ernst, NJW-CoR, 1997, S. 167
[70] Ultsch, NJW 1997, S. 3008
[71] Ernst, NJW-CoR, 1997, S. 166

wohl eher gegen eine Leerungspflicht sprechen.[72] Denn bei diesen Mailboxsystemen sind die eingegangenen Nachrichten nur auf einer Internetseite abrufbar, die der Empfänger erreichen (können) muss. Regelmäßig wird es aber darauf ankommen, ob der Empfänger diese Benachrichtigungsart bekanntgemacht oder akzeptiert hat. Ist dies gegeben, ist der Adressat tendenziell einem geschäftlichen E-Mail- und Internetnutzer mit regelmäßiger Nachforschungspflicht gleichzustellen.[73]

Bei einem "24-Stunden-Service", also einer sofortigen elektronischen Bearbeitung von Bestellungen bzw. von elektronischen Erklärungen, bedarf es einer Veränderung des Zugangsbegriffs.

Hier gilt eine elektronisch übermittelte Willenserklärung, die in der vom Empfänger vorgesehenen Form verwendet wird, als zugegangen, sobald die Möglichkeit der Verarbeitung besteht.[74] Dies geschieht meist mit Hilfe der vom Empfänger vorgesehenen Formulare, die dann als elektronische Post abgesendet werden. Dies gilt aber nicht für die klassische E-Mail.

An die Stelle der Kenntnisnahme tritt beim 24-Stunden-Service die Möglichkeit der Verarbeitung, da die Kenntnisnahme weder vorgesehen noch erforderlich ist. In der sofortigen Verarbeitung der Erklärung ist demnach ein Verzicht auf die zum herkömmlichen Zugang gehörende Anforderung der

---

[72] http://www.gmx.de, http://www.directbox.de

[73] Münch-Komm BGB - Förschler, § 130 Rdnr. 13

[74] vgl. Mehrings, MMR 1998, S. 33;
ähnlich Kilian, in Kilian/Heussen, 20. Kap., Rdnr. 22

“Möglichkeit der Kenntnisnahme” zu sehen, die den Zugang somit direkt ermöglicht.[75]

b) Widerruf

Dem Erklärenden bleibt aufgrund der hohen Übertragungsgeschwindig-keit im Internet praktisch keine Möglichkeit des Widerrufs nach § 130 I, S. 2 BGB. Da Bestellungen, wie erwähnt, teilweise gleich bearbeitet werden, findet der Zugang fast zum gleichen Zeitpunkt statt wie die Abgabe der Erklärung.

Durch die Umsetzung der EG Fernabsatz-Richtlinie[76] wurde in § 3 FernAbsG (künftig in § 312b BGB) zum Schutz des Verbrauchers dem Käufer allerdings ein allgemeines Widerrufsrecht eröffnet.[77]

Wird aber eine E-Mail, die eine Willenserklärung enthält und eine weitere E-Mail, mit dem für die erste Erklärung bestimmten Widerruf gleichzeitig in der Mailbox gespeichert, liegt der Fall anders. Der Empfänger hat dadurch bei beiden Nachrichten zum selben Zeitpunkt die Möglichkeit der Kenntnisnahme, so dass die Willenserklärung durch den Widerruf gemäß § 130 I, S. 2 BGB nicht wirksam wird. Entscheidend

---

[75] Mehrings, MMR 1998, S. 33

[76] Richtlinie 97/7/EG des Europäischen Parlaments und des Rates v. 17.2.1997 über den Verbraucherschutz bei Vertragsabschlüssen in Fernabsatz, ABl. EG Nr. L 144 v. 04.06.97, S. 19

[77] vgl. hierzu Mehrings, MMR 1998, S. 33

ist allein der Zugang, auf die tatsächliche Kenntnisnahme kommt es nicht an.[78]

3. Invitatio ad offerendum oder verbindliches Angebot

Auch der elektronische Vertragsschluss erfordert die Abgabe eines Angebotes und dessen Annahme. Das Angebot muss in der Regel so gestaltet sein, dass es vom Empfänger mit einem einfachen "Ja" beantwortet werden kann, womit dann ein Vertrag zustande gekommen wäre, §§ 145, 146 BGB.

Im Internet wird dies zunächst mit Hilfe von E-Mails erreicht. Darüber hinaus kommen Verträge, wie in Punkt 3.1 erläutert, dadurch zustande, dass Waren auf einer Homepage angeboten werden und vom Kunden durch Ausfüllen eines elektronischen Formulars und dem anschließenden Mausklick, online bestellt werden können.

Im Vergleich zum E-Mail-Vertragsschluss, der durch das individuelle Übereinstimmen von Willenserklärungen zustande kommt (Angebot und Annahme), ist das Ausfüllen eines elektronischen Bestellformulars beim Online-Shopping anders zu behandeln.

Es stellt sich hier die Frage, ob es sich beim Online-Shopping (Internetangebot) lediglich um eine Aufforderung zur Abgabe eines Angebotes ("Invitatio ad offerendum") oder bereits um ein verbindliches Angebot (Antrag) handelt.[79] Es könnte durchaus sein, dass die Ware, die angeboten wird, ein Ange-

[78] vgl. Palandt-Heinrichs, § 130, Rdnr. 11

bot desjenigen ist, der die Homepage betreibt und der Mausklick des Kunden einfach die Annahme dieses Angebotes darstellt.
Hierbei ist zu beachten, dass sich die Vertragsparteien nach dem Vertragsschluss zur Erbringung der jeweiligen vereinbarten Hauptleistungen verpflichten (§ 433 BGB, Verkäufer: Übergabe der Sache und Eigentumsverschaffung / Käufer: Kaufpreiszahlung und Abnahme der Sache) und diese sich falls schuldhaft nicht oder verspätet geleistet wird, Schadensersatzansprüchen aussetzen. Es werden also direkt die Primär- bzw. Sekundärleistungspflichten sowie weiterhin die Nebenpflichten ausgelöst.

Zur Beurteilung der Frage nach der Angebotsart kommt es darauf an, wie der Erklärungsempfänger den Inhalt der Internetseite nach Treu und Glauben und unter Berücksichtigung der Verkehrssitte verstehen muss.[80]
Auf der Verkäuferseite ist darauf abzustellen, ob sich der Betreiber einer Homepage in einer solchen Weise überhaupt binden will und sich damit für ihn eine Schadensersatzgefahr ergibt. Die Vertragspflichten wären nämlich dann schon verletzt, wenn der Bieter, bei angenommenem Angebot, wegen mangelnder Warenvorräte den Besteller nicht mehr beliefern kann.[81]
Eine ähnliche Situation, die man zum Vergleich heranziehen kann, herrscht beim Versandhandel, wo der Anbieter Waren in einem Katalog oder auf CD-Rom anbietet. Ebenfalls kann hier

---

[79] vgl. zur Abgrenzung allgemein Palandt-Heinrichs, § 145, Rdnr. 2
[80] Mehrings, MMR 1998, S. 32

das Schaufenster eines Ladengeschäftes, Werbemaßnahmen von Händlern für bestimmte Waren und Zeitungsannoncen als Vergleich dienen. Diese Beispiele werden allgemein als Aufforderung zur Abgabe eines Angebotes angesehen.[82] Weder der werbende Händler noch das Versandhaus, das seinen Katalog verschickt, haben hierbei ein Interesse daran, dass der Kunde mit einem bloßen "Ja" einen Vertrag über die gewünschte Seite schießen kann.[83] Der jeweilige Verkäufer gibt erst dann seine Entscheidung zum Vertragsschluss und die damit verbundene Lieferverpflichtung ab, wenn der Kunde seinen Antrag abgegeben hat und der Verkäufer diesen annimmt. Die angebotenen Waren stellen demnach kein Angebot dar, sondern nur die Einladung, ein Kaufangebot abzugeben (invitatio ad offerendum).

Dadurch, dass der Verkäufer den Antrag annehmen muss, um einen wirksamen Vertrag zu schießen, kann das Risiko vermieden werden, dass durch die Willenserklärung des Käufers ein Vertrag über Waren zustande kommt, die nicht lieferbar oder nicht auf Lager sind. Ebenfalls möglich wäre, dass der Verkäufer zunächst eine Bonitätsprüfung des Kunden vornehmen möchte.[84]

In der Literatur herrscht bei der Problematik der Übertragung der herkömmlichen Angebotsbeurteilung auf das Online-Shopping keine einheitliche Meinung. So wird teilweise vertreten, dass sich ein Angebot auf einer Homepage eben mit

---

[81] Wendel, Wer hat Recht im Internet ?, S. 88

[82] vgl. Schwab, Einführung in das Zivilrecht, Rdnr. 486; entsprechend zum Bildschirmtext: Palandt-Heinrichs,§ 145, Rdnr. 2

[83] hierzu: Medicus, Allgemeiner Teil des BGB, Rdnr. 359

[84] vgl. Palandt-Heinrichs, § 145 Rdnr. 2

dem eines Versandhandelskataloges oder auch einem Schaufenster vergleichen lässt.[85] Dies hätte zur Folge, dass es sich lediglich um eine invitatio ad offerendum handeln würde. Hier muss man allerdings entgegenhalten, dass der Betreiber einer Homepage eine wesentlich bessere, jederzeit aktuelle Kontrolle über den Bestand seiner Waren durchführen kann, da hier meist ein automatisches Warenbestandssystem integriert ist und er jederzeit die eingegangenen Bestellungen mit dem Bestand vergleichen kann. Er könnte als Betreiber der Homepage jederzeit einen Bestellshop einrichten. Dies ist beim Versandunternehmen nicht so. Hier besteht eben die Gefahr, dass eine unkontrollierbare Menge an Bestellungen eingeht und diese dann nicht alle erfüllt werden können. Des weiteren ist auch der Zustand des Kunden unbefriedigend, der nach der Bestellung vergeblich mehrere Wochen auf eine Lieferung wartet, um dann zu erfahren, dass das bestellte Stück nicht lieferbar ist, obwohl es dem Verkäufer ein Leichtes wäre, dies vor Abgabe der Willenserklärung des Käufers zu verhindern.

Eine andere Meinung bejaht die Aufforderung zur Abgabe einer Willenserklärung beim Internetangebot, weil es sich bei Internetseiten um Werbung oder werbeähnliche Maßnahmen handele.[86] Dass auf einer Homepage das Produkt beworben wird, sollte aber kein Indiz für eine invitatio ad offerendum sein. Gerade hier wird der Internetteilnehmer durch werbe-

---

85 vgl. Wendel, Wer hat Recht im Internet ?, S. 88;
Kuhn, Rechtshandlungen mittels EDV, S. 112;
Palandt-Heinrichs, Einf. vor FernAbsG Rn. 4,
Redeker, NJW 1984, S. 2391,
Waldenberger BB 1996, S. 2365,
Köhler NJW 1998, S. 185

86 vgl. Ernst, NJW-CoR, 1997, S. 165

wirksame Schlagworte wie "Sonderangebot", "Jetzt bestellen, morgen Lieferung" nicht erkennen können, dass der Verkäufer ihm zwar ein Angebot macht, dies aber juristisch nicht möchte, da er erst noch die Vorratsmenge im Nachhinein prüfen will. Hier muss eben auch berücksichtigt werden, wie der potenzielle Käufer ein solches Angebot nach Treu und Glauben und der Verkehrssitte versteht.

Der Käufer wird und kann beim Bestellvorgang im Inhalt der Internetseite also zunächst ohne weiteres ein verbindliches Angebot sehen.[87]

Der Homepagebetreiber hat für sich mit dem Internet einen neuen Vertriebsweg gewählt, der durch ein Warenbestandssystem die Kontrolle der Vorratsmenge ermöglicht. Diese Kontrolle ist dem Anbieter auch ohne weiteres zuzumuten. Dem Käufer ist es hier nicht zuzumuten, sich durch einen vergeblichen Vertragsschluss im Ungewissen zu halten und dazu auch noch ohne Ersatzansprüche. Eine Verneinung des echten Angebotes wäre in einer gewissen Weise nicht mit der modernen Einkaufsweise im Internet vereinbar, die schnell und problemlos vonstatten gehen soll. Der Rechtsverkehr sollte sich bei der Nutzung des neuen Mediums auf die ihm dargebotenen Angaben verlassen können. Warum auch sonst sollte eine Bestellung im Internet möglich sein, wenn sich durch die Benutzung der Bestellfunktion keine Verpflichtungen ergeben.

---

[87] vgl. Mehrings, MMR 1998, S. 32;
ders., in: Hoeren/Sieber, Handbuch Multimediarecht, Kap. 13.1, Rn. 57ff.,
Boehme-Neßler, Cyberlaw, S. 142,
auch OLG Oldenburg, CR 1993, 558

Weiterhin kann der Verkäufer zu seinem eigenen Schutz, sollte er seine eingegangenen Bestellungen nicht prüfen wollen, mit einem klarstellenden Hinweis ("Unverbindlich", "Freibleibend", "Solange Vorrat reicht") ein anderes Ergebnis erzielen, was ihm allerdings Wettbewerbsnachteile einbringen wird.

Es kann also davon ausgegangen werden, dass die über eine Bestellerhomepage präsentierten und angebotenen Waren im Internet, sollten keine klarstellenden Hinweise vermerkt sein, ein verbindliches Angebot darstellen.

Eine Tatsache, die in der Literatur in Bezug auf das Interne-tangebot keine Berücksichtigung findet, ist die Beachtung des § 362 HGB, durch den sich die Frage nach der Angebotsart erübrigt. Hier gilt das Schweigen eines Kaufmanns auf ein Angebot zum Abschluss eines Geschäftsbesorgungsvertrages (§ 675 BGB) als Annahme. Die Voraussetzungen sind in § 362 I, S. 1 HGB und § 362 I, S. 2 genannt.[88]

Antwortet der Kaufmann nicht unverzüglich gemäß Legaldefinition in § 121 BGB I, S.1, kommt zwischen den Parteien gegebenenfalls ein Vertrag mit Inhalt des Antrages zustande. Zu denken wäre hier an ein Internetangebot einer Bank oder eines Maklers, der bei Annahme des Angebotes zum Kauf von Aktien beauftragt wird. Beim Schweigen auf eine solche übliche Geschäftsbesorgung des Anbieters kommt ein Vertrag zustande.

Ist dem Antragenden durch die Untätigkeit des Beauftragten ein Gewinn entgangen, muss dieser wegen schuldhafter

[88] hierzu ausführlich: Brox, Handels- und Wertpapierrecht, Rdnr. 288

Pflichtverletzung ersetzt werden. Der klassische Warenkaufmann allerdings fällt dagegen nicht unter § 362 HGB.
Ein Angebot ad incertas personas, wie es teilweise von der Literatur bejaht wird, wird jedenfalls beim Downloaden[89] von Dateien, wie Software oder Musik, genauso wenig vorliegen wie ein invitatio ad offerendum. Das Kriterium der erschöpfenden Ware ist beim Download nämlich nicht gegeben. Eine Datei kann unendliche Male kopiert werden, so dass sie sich nicht erschöpfen kann. Sie kann also nur angeboten oder nicht angeboten werden.

4. Anwendung von AGB-Recht auf den Vertragsschluss im Internet

Online-Rechtsgeschäfte werden als standardisierte Massengeschäfte typischerweise nicht individuell ausgehandelt, sondern unter Zugrundelegung von Allgemeinen Geschäftsbedingungen abgeschlossen. Häufig werden diese AGB jedoch nicht Vertragsbestandteil bzw. sind ganz oder teilweise unwirksam, weil der Verkäufer als Verwender der AGB die Bestimmungen des AGB-Gesetzes nicht beachtet hat. In diesem Fall gelten die allgemeinen Bestimmungen des BGB, die dem Käufer bzw. Teilnehmer in der Regel eine stärkere Rechtsposition verschaffen. Um eine wirksame Einbeziehung der AGB zu erreichen, bedarf es bei Internetgeschäften, wie beim Online-Shopping, bestimmter Besonderheiten, um z.B. die geringere

[89] so Ernst, NJW-CoR 1997, S. 165

Hemmschwelle in die Einwilligung der AGB durch den einfachen Mausklick auszugleichen.

Um das AGB-Gesetz anzuwenden, müssen zunächst einmal die AGB-Bedingungen eines Vertragspartners wirksam in einen Vertrag einbezogen werden. Es stellt sich also die Frage, wie Klauseln gestaltet und angeboten werden müssen, damit sie dem abschließenden Vertrag wirksam zugrunde liegen und dem Vertragspartner im Streitfall entgegengehalten werden können.

a) Wirksame Einbeziehung der AGB

Sollen allgemeine Geschäftsbedingungen in elektronisch geschlossene Verträge einbezogen werden, ist in erster Linie die Frage nach der wirksamen Einbeziehung gemäß § 2 AGBG von Belang. Insbesondere muss der Verwender ausdrücklich auf seine AGB hinweisen und dem Vertragspartner Gelegenheit geben, in zumutbarer Weise, von diesen Kenntnis zu nehmen (§ 2 I Nr. 1 AGBG).
Am Bildschirm dargestellte allgemeine Geschäftsbedingungen müssen kurz, klar gegliedert und problemlos abrufbar sein.[90] Es ist nicht ausreichend, diese erst auf Anforderung des Kunden oder mit der Ware zusammen anzubieten, also wenn der eigentliche Vertrag schon vorher geschlossen wurde. Umgekehrt kann aber auch nicht verlangt werden, unmittelbar neben

[90] so bereits Landgericht Freiburg (7.4.92) NJW-RR 1992, 1018

Produktangeboten alle AGB darzustellen. Ausreichend wäre sicherlich, einen deutlich sichtbaren Hyperlink auf dem elektronischen Bestellformular bzw. neben der E-Mail-Adresse des Anbieters anzubringen, so dass der Kunde einfachen Zugriff hat.[91] Denn auch im normalen Verkaufsgeschäft ist es ausreichend, wenn die Bedingungen ausgehängt oder bei Bedarf vorgelegt werden.[92]

Bei kürzeren Klauselwerken sollte man erst zur Bestellikone gelangen, wenn man die AGB gesehen hat. Längere AGB sollten allerdings, wie gesagt, separat, durch einen unübersehbaren Hinweis, z.B. einen Hyperlink abrufbar sein.[93] Rechtsprobleme könnten sich in diesem Zusammenhang auch ergeben, wenn z.B. das Aufruffeld der AGB am Ende eines längeren Textes versteckt ist.

Der Kunde muss weiterhin die Möglichkeit haben, in "zumutbarer Weise" vom Inhalt der AGB Kenntnis zu erlangen. Die Nutzungsgebühren und Telefongebühren, die während der Kenntnisnahme anfallen, machen diese noch nicht unzumutbar, auch wenn diese Meinung in der Literatur und der Rechtsprechung teilweise vertreten wird.[94] Zumutbar ist die Kenntnisnahme deswegen, da es gerade die eigene Entscheidung des

---

[91] Ernst NJW-CoR 1997, S. 167;
Löhnig, NJW 1997, S. 1689

[92] MünchKomm, AGBG § 2, Rdnr. 11

[93] Deville/Kalthegener, NJW-CoR 1997, S. 168

[94] LG Freiburg, CR 1992, 93;
ähnlich auch LG Aachen, NJW 1991, 2159, 2160;
LG Wuppertal, NJW-RR 1991, 1148, 1149;
In der Literatur wird diese Argumentation geteilt von
Ulmer/Brandner/Hensen, § 2 Rdnr. 49a und
Bartl., DB 1982, 1101

Kunden ist, dieses Medium als Vertragsanbahnung zu nutzen.[95]

Der Text sollte allerdings einen zumutbaren Umfang in Bezug auf die "objektive, inhaltliche" Länge[96] haben.

Im übrigen müssen AGB sprachlich und äußerlich klar gestaltet und für den Kunden mühelos lesbar sein.[97]

Hier hat der Internet-User in der Praxis einen großen Vorteil. Er kann die Klauseln in aller Ruhe zu Hause studieren und diese sogar abspeichern und ausdrucken, um so auch noch die Onlinegebühren niedrig zu halten. Des weiteren ist der Nutzer nicht dem Druck des ihm ungeduldig gegenüberstehenden Verkäufers ausgesetzt, der auf den ersehnten Vertragszuschlag wartet.[98]

Der Kunde muss schließlich mit der Geltung der AGB einverstanden sein. Vom Einverständnis des Kunden ist auszugehen, wenn er seine Annahme des Angebotes bzw. sein Angebot absendet.[99]

Es ist also grundsätzlich natürlich möglich, AGB beim Internetkauf wirksam einzubeziehen. Durch die doch guten Möglichkeiten eines ausdrücklichen Hinweises auf AGB und der sehr guten Möglichkeiten der Kenntnisnahme im Internet, spricht vieles dafür, die Einbeziehung von AGB in Internet-Geschäfte nicht strenger zu beurteilen als im konventionellen Geschäftsverkehr. Der Anbieter muss aber den Besonderhei-

---

95 vgl. Löhnig, NJW 1997, S. 1689,
Hoeren, Internet Recht, http://netlawlibrary.de

96 LG Bielefeld NJW-RR 1992, 955

97 vgl. Palandt-Heinrichs, AGBG § 2, Rdnr. 13
BGH NJW 1983, S. 2773, NJW-RR 1986, S. 1311

98 so auch Wendel, Wer hat Recht im Internet?, S. 116

99 Löhnig, NJW 1997, S. 1688

ten der elektronischen Medien in einigen Punkten Rechnung tragen.[100]

b) Verbot überraschender Klauseln

Nach § 3 AGBG werden Bestimmungen, die nach den Umständen so ungewöhnlich sind, dass der Teilnehmer mit ihnen nicht zu rechnen braucht, nicht Vertragsbestandteil.
Anbieter, die ihre Vergütungsmaßstäbe und -bedingungen oder andere wichtige Vertragspunkte dem Kunden nicht offen darlegen, sondern versuchen, diese Punkte in ihren AGB zu "verstecken", riskieren, dass die Gerichte die entsprechenden AGB-Klauseln unter Anwendung des Prinzips vom Verbot der werterhaltenden Reduktion für nichtig erklären.[101] Zu einer "Überrumpelung" des Teilnehmers kann in diesem Zusammenhang auch beitragen, dass der Anbieter sein Programm-Menue, also auch eine Internetseite, irreführend gestaltet.[102]
Hat der Anbieter wesentliche Vertragsbestimmungen "unauffällig" in die AGB verlagert, so fehlt es bei Unwirksamkeit dieser Klauseln an einer Einigung zwischen den Parteien über die essentialia negotii. Dies hat zur Folge, dass der Vertrag insgesamt nicht zustande gekommen ist.[103] In diesem Fall kann der Anbieter seine Forderungen allenfalls auf die Vorschriften über die ungerechtfertigte Bereicherung stützen,

---

[100] LG Ravensburg CR 1992, S. 472
[101] vgl. zu den AGB eines "Kontaktmarktanbieters" im BTX etwa LG Wuppertal NJW-RR 1991, S. 1148
[102] vgl. LG Dortmund NJW-RR 1991, S. 1529
[103] vgl. LG Dortmund NJW-RR 1991, S. 1529;

wobei sich der Kunde aber auf den Wegfall der Bereicherung (§ 818 III BGB) berufen wird.[104]

Im übrigen gelten auch bei Geschäften im Internet die Klauselverbote der §§ 11, 10 AGBG sowie die Generalklausel nach § 9 AGBG, wonach Bestimmungen in AGB unwirksam sind, soweit sie den Vertragspartner des Verwenders entgegen den Geboten von Treu und Glauben unangemessen benachteiligen.

V. Fehlerhafter Vertragsschluss

Die elektronische Kommunikation unterscheidet sich von den bisher genutzten und bekannten Kommunikationsverfahren, wie der briefliche Verkehr oder das Telefon, sehr stark und ist für den Laien, der aber meist gleichzeitig den potenziellen Nutzer darstellt, bezüglich des technischen Verfahrens schwer nachzuvollziehen. Die Anwendung des neuen Kommunikationsmediums selbst setzt das Verständnis aber allgemein nicht voraus.

Für die Anwender ist nämlich nur wichtig, dass die Kommunikation mit dem neuen Medium einwandfrei funktioniert, komfortabel zu handhaben, mindestens so sicher wie die traditionellen Kommunikationsmöglichkeiten und dazu auch noch günstiger ist sowie mit einer höheren Geschwindigkeit durchgeführt werden kann.

---

104 LG Frankenthal, NJW-RR 1992, S. 954
vgl. Witte u. Witte, Recht im Internet, http://www.mz.iao.fhg.de/event/op/witte_1.html

Aus rechtlicher Sicht sind zunächst der Aspekt der Sicherheit und Zuverlässigkeit zu begutachten. Hier stellt sich die Frage, in welcher Weise sich Fehler darstellen und wie diese zu behandeln sind. Da eine elektronische Erklärung bei der Verwendung im Internet in verschiedene, selbständige "packets" zerlegt und diese Nachricht erst wieder beim Empfänger zusammengesetzt wird,[105] ist ebenfalls die Zurechnung und Verantwortlichkeit für Fehler zu klären, wie zum Beispiel bei Abhandenkommen von Willenserklärungen.

Weiterhin stellt sich die Frage nach dem Auftreten und der Bewertung des Missbrauchs bei Internetgeschäften.

Bei einer derartigen Analyse der elektronischen Kommunikation ist zu beachten, welche Instrumente der Gesetzgeber, die bisherige Rechtsprechung und die Rechtswissenschaften zu diesem Bereich entwickelt haben, denn die bisher eingesetzten Kommunikationsverfahren arbeiteten in der Vergangenheit wie in der Gegenwart ebenfalls nicht fehlerfrei. Es gilt zu klären, inwieweit die entwickelten Rechtsinstrumente auf die Internetkommunikation anwendbar sind.

Bei einer fehlerhaften Erklärung, die vorliegt, wenn der Wille des Senders mit dessen Erklärung auseinanderfällt,[106] ist zu berücksichtigen, dass diese zu verschiedenen Zeitpunkten fehlerhaft sind. Eine elektronische Erklärung ist nämlich zum

---

105 vgl. Kuner, CR 1996, S. 453 ff.

106 vgl. Palandt-Heinrichs, § 119, Rdnr. 1

Zeitpunkt ihrer Entstehung, bis und während der Ankunft beim Empfänger einer Anzahl von Einflüssen ausgesetzt, die dazu führen können, dass eine Erklärung fehlerhaft wird. Diese Einflüsse können im Bereich des Senders, des Übertragungsnetzes, des Access-Providers oder im Bereich des Empfängers liegen.
Beim Produzieren solcher fehlerhafter Ergebnisse könnte sich eine Anfechtungsmöglichkeit ergeben, die im Folgenden untersucht werden soll.

1. Eingabefehler

Wenn ein Internetnutzer auf die Homepage eines Dienstleistungs- oder Warenanbieters zugreift und dort in ein Bestellformular eine Bestellmenge eingibt und ihm dabei ein Tippfehler unterläuft, stellt sich die Frage, ob er diese Erklärung gemäß § 119 I BGB anfechten kann.

Grundsätzlich ist der Erklärende an seine Erklärung gebunden, wie sie der Empfänger nach Treu und Glauben sowie unter Berücksichtigung der Verkehrssitte verstehen musste.[107] Das Gesetz sieht für den Erklärenden dementsprechend nur aus schwerwiegenden Gründen, die sich auf die mangelhafte Willensbildung des Erklärenden ("Willensmängel") beziehen, eine Anfechtungsmöglichkeit vor.

---

[107] vgl. Palandt-Heinrichs, § 119, Rdnr. 1

Eine Anfechtungsmöglichkeit könnte hier nach § 119 I Alt. 2 BGB vorliegen, da der Erklärende schon die äußere Gestalt der Erklärungs-handlungen nicht so vornehmen wollte, wie er sie tatsächlich vorgenommen hat (verschreiben).[108]
Da das Verschreiben auch hier die Ursache für den Willensmangel ist, kann die elektronische Willenserklärung also ach gemäß § 119 I, 2. Alt. BGB angefochten werden.[109]
Auch die Tatsache, dass bestimmte Verarbeitungsvorgänge im Computer ablaufen und dass die Willenserklärung dann elektronisch auf digitalem Wege übermittelt wird, ändert nichts am Vorliegen eines so genannten Erklärungsirrtums. Das OLG Hamm hat deshalb zu Recht eine Irrtumsanfechtung für den Fall zugelassen, dass ein Eingabefehler unverändert in einen, an einen Dritten gerichtete, Willenserklärung eingeht.[110]

2. Fehlerhafte Daten / Fehlerhaftes Datenmaterial

Ein anderer denkbarer Fall wäre, wenn auf Seiten des Homepage-anbieters fehlerhafte Daten oder fehlerhaftes Datenmaterial verwendet wird. Hierbei könnte man an die Benutzung veralteter Preislisten, falsche Bestandszahlen oder falsche Einheitspreise denken, die in eine elektronische Erklärung einbezogen werden. Werden also hierdurch fehlerhafte elek-

---

108 vgl. Schwab, Einführung n das Zivilrecht, Rdnr. 534

109 vgl. Kuhn, Rechtshandlungen mittels EDV, S. 141;
Mehrings, MMR 1998, S. 31;
Börms, in: Die digitale Kommunikation, S. 93

110 OLG Hamm, NJW 1993, S. 2321;
zustimmend: Palandt-Heinrichs, § 119, Rdnr. 10;
Mehrings, MMR 1998, S. 31, 32

tronische Willenserklärungen erzeugt, entsprechen diese nicht dem Willen des Homepagebetreibers. In Frage käme demnach eine Anfechtungserklärung gemäß § 119 I Alt. 2 BGB, da der Betreiber eine Erklärung dieses Inhalts überhaupt nicht abgeben wollte und damit Wille und Erklärung auseinander fallen. Wie oben gesehen, bestehen gegenüber der Anfechtung elektronischer Willenserklärungen im herkömmlichen Irrtumsfall keine Bedenken. Allerdings ist hier nun zu beachten, dass der Fehler nicht bei der Erklärungshandlungen, sondern während der Willensbildungsphase entsteht.

Demnach unterläuft der (interne) Rechenfehler im Vorfeld der Erklärungshandlung. Es handelt sich daher um einen unbeachtlichen Motivirrtum[111] in Form eines Kalkulationsirrtums,[112] der nicht zur Anfechtung berechtigt. Dem ist auch deshalb zu folgen, weil der Fehler im Vorfeld, also bei der Erstellung des Computerprogramms oder bei der Installierung des Computerprogramms, entsteht. Es macht keinen Unterschied, ob ein Fehler bei der Angebotsvorbereitung aus dem falschen Ablesen eines Einheitspreises aus der Preisliste[113] resultiert oder ob das Angebot aufgrund fehlerhaft gespeicherten Daten- bzw. Zahlenmaterials berechnet wird.

Hierzu hat das LG Frankfurt zu Recht einer Bank das Anfechtungsrecht versagt, die einem Darlehensnehmer ein "zu gutes" Angebot machte, das auf der Basis von fehlerhaften

---

[111] vgl. Palandt-Heinrichs, § 119, Rdnr. 10;
Mehrings, MMR 1998, S. 32;
Schwab, Einführung in das Zivilrecht, Rdnr. 551
Taupitz/Kritter, JuS 1999, S. 839

[112] vgl. Mehrings, MMR, 1998, S. 32

[113] so LG Bremen, NJW 1992, 915

Daten von einem Computer berechnet und dem Darlehensnehmer übermittelt wurde.[114]

Zu beachten ist hier allerdings ein bestimmter Fall des internen Kalkulationsirrtums. Fraglich und umstritten ist hierbei, ob der Erklärende zur Anfechtung berechtigt ist, wenn dem Adressaten bekannt oder evident ist, dass der Anbieter sich verkalkuliert hat.[115]

Ein Motivirrtum soll aber auch in einem anderen Fall des Internetkaufs vorliegen. Ist die Berechnung des Lagerbestandes und die folgende Auftragserteilung, wie beim 24-Stunden Internetservice, voll automatisiert und geht dies ohne menschliche Eingriffe vonstatten, liegt bei einer fehlerhaften Bestandsberechnung ebenfalls ein unbeachtlicher Motivirrtum vor. Für den Empfänger ist es wiederum völlig gleichgültig, ob der im Angebot zugrunde gelegte Lagerbestand manuell in das EDV-System eingegeben oder voll automatisch berechnet wird. Die fehlerhafte Willensbildung des EDV-Systems ist weiterhin dem Homepagebetreiber (also dem Anbieter) zuzurechnen. Es ist gerade die freie Entscheidung des Betreibers, sich für die elektronische Lagerbestandsberechnung zu entschließen, was ihm gemäß § 347 HGB besondere Sorgfaltspflichten aufbürdet. Es wäre unbillig, wenn das Risiko für eine fehlerhafte Berechnung des Bestands dem Käufer auferlegt würde.[116]

Somit ergibt sich, dass der Verkäufer Verträge, die aufgrund der Verwendung von fehlerhaften Daten oder Datenmaterials

---

114 LG Frankfurt NJW-RR 1997, 1273

115 vgl. Schwab, Einführung in das Zivilrecht, Rdnr. 550

116 so auch Börms, in: Die digitale Kommunikation, S. 90

geschlossen wurden, nicht anfechten kann. Er ist demnach an die geschlossenen Verträge gebunden.
Für individuelle Angebote, die per E-Mail übersendet und aufgrund fehlerhaften Daten berechnet werden, ist der Motivirrtum ebenfalls einschlägig.

3. Systemfehler

Bei Systemfehlern ist zwischen Software- und Hardwarefehlern zu unterscheiden. Allgemein lässt sich jedoch sagen, dass die Ursachen für eine fehlerhafte elektronische Willenserklärung eher selten in der Hardware zu suchen sind. Häufiger kann dieser Fall bei Software auftauchen, da diese durch die hohen Anforderungen der Nutzer und Hardware sowie die Anforderungen an die Programmierer eher zu Fehlern bzw. Fehlberechnungen neigt als ein technologisch entwickelter Rechnerchip. Bis zum heutigen Zeitpunkt ist es sogar bei Standardsoftware (Windows 95, Windows 98, Windows Millenium) noch nicht gelungen, eine absolut fehlerfrei laufende Version zu erstellen.

Fehler, die aufgrund eines Softwaremangels entstehen, berechtigen nicht zur Anfechtung. Hier handelt es sich wiederum um einen unbeachtlichen Motivirrtum, der in der Erklärungsvorbereitung entsteht.[117] Der Einsatz der Hardware, der Software und die Dateneingabe legen die Ausgangsgrößen fest,

---

[117] Palandt-Heinrichs, § 119 BGB Rdnr. 10;

durch die dann eine elektronische Erklärung erstellt wird. "Sie entspricht den Beweggründen (Motiven), die der Erklärende seiner Willensbildung bei persönlich abgegebenen Erklärungen zugrunde legt."[118] Da die Fehlvorstellung allein die Entstehungsvoraussetzungen der elektronischen Erklärung betrifft, kann eine Anfechtungsmöglichkeit gemäß § 119 I BGB verneint werden.[119]

Bei einer, durch die Hardware verursachten fehlerhaften elektronischen, Willenserklärung ist nach h.M. die Möglichkeit gegeben, den Vertrag gemäß § 119 I Alt. 2 BGB anzufechten.[120]

Ein Ergebnis, das schwer nachzuvollziehen ist, gerade weil die oben behandelten, durch einen Softwarefehler entstandenen fehlerhaften Erklärungen, nicht angefochten werden können. Allerdings ergeben sich hier erhebliche beweisrechtliche Schwierigkeiten. Eine Gleichbehandlung in Bezug auf die Anfechtungsmöglichkeit, könnte man aber über eine vertragliche Regelung treffen, die eine Anfechtung für derartige fehlerhafte Erklärungen zum Inhalt hat.

4. Fehlerhafte Übertragung

Eine andere Ursache für eine fehlerhafte elektronische Willenserklärung könnten Fehler sein, die im Bereich des Über-

---

Mehrings, MMR 1998, S. 32

118 Mehrings, MMR 1998, S. 32

119 vgl. Kuhn, Rechtshandlungen mittels EDV, S. 151; Mehrings, MMR, 1998, S. 32

120 vgl. Börms, in: Die digitale Kommunikation, S. 94;

tragungsnetzes entstanden sind. Das bedeutet, dass während der Übermittlung im Internet zwischen Absende- und Empfangsstelle die transportierte Erklärung verändert wird, so dass sie nicht mehr mit der ursprünglichen Erklärung übereinstimmt. In einem solchen Fall könnte, ähnlich wie bei der Telefaxübermittlung, eine Anfechtung gemäß § 120 BGB[121] möglich sein, da eine Willenserklärung durch die zur Übermittlung verwendete Person oder Anstalt unrichtig übermittelt wurde.

Die Anfechtbarkeit nach § 120 BGB setzt voraus, dass die Übermittlungsperson vom Erklärenden verwendet wurde, wobei es sich nicht um einen Boten des Empfängers handeln darf. Das Tatbestandsmerkmal der Anstalt, also des Übermittlers im Sinne des § 120 BGB, ist hier den technischen Änderungen und der fortschrittlichen Entwicklung zufolge entsprechend weit auszulegen und dementsprechend auch auf den Begriff des Netzbetreibers auszuweiten.[122] Eine Anfechtungsmöglichkeit aus § 120 BGB ist hier also eröffnet, da die zunächst richtig formulierte Willenserklärung erst durch die vom Erklärenden eingesetzte Übermittlungsperson (-anstalt) ungewollt verändert wurde. Tritt also ein Störfall im Server bzw. im Netz des jeweiligen Online-Dienstes auf, kann eine falsch übertragene Willenserklärung angefochten werden.

Kilian/Picot, Electronic Data Interchange (EDI), S. 124

121 vgl. BGH NJW 1995, S. 667,
hierzu: Ebnet, NJW 1992, S. 2985, 2991

122 vgl. Palandt-Heinrichs, § 120 Rdnr. 2,
Mehrings, MMR 1998, S. 32

Ebenfalls auf die fehlerhafte Übertragung zurückzuführen ist der Verlust von elektronischen Willenserklärungen. In der Praxis besteht, wie auch beim Briefverkehr, die Möglichkeit, dass durch Fehler im Netz beim Absender oder beim Adressaten eine Nachricht verloren geht. Ist der Verlust auf einen Fehler im Netz zurückzuführen, hat dies grundsätzlich keine Rechtsfolgen, da es schon objektiv an einem Zugang fehlt.

Wird eine E-Mail beim Empfänger durch den Adressaten selbst oder durch den jeweiligen Access-Provider gelöscht, so gilt die Erklärung als zugegangen, auch wenn eine tatsächliche Kenntnisnahme noch nicht erfolgt war.[123] Der Erklärende, der sich darauf berufen will, trägt allerdings stets die Beweislast.

Eine Risikounterscheidung für eine solche Zurechnung des Verlustes zwischen privaten E-Mail-Nutzern, die das Verlustrisiko nach teilweise vertretener. Auffassung nicht tragen sollen[124] und geschäftlichen E-Mail-Nutzern, ist hier nicht vorzunehmen. Wer eine Empfangsvorrichtung zum Empfang von Nachrichten in Umlauf bringt, muss sich auch die Gefahren zurechnen lassen, die damit in Verbindung stehen.[125]

a) Die Zurechnung der fehlerhaften Übertragung durch den Access-Provider

---

[123] vgl. Ernst, NJW-CoR 1997, S. 167;
Medicus, Allgemeiner Teil des BGB, Rdnr. 273

[124] so Ultsch, NJW 1997, S. 3008

[125] vgl. Medicus, Allgemeiner Teil des BGB, Rdnr. 273

Gerade bei der fehlerhaften Übertragung stellt sich die Frage, welche Rolle die InternetAccess-Provider spielen, da es deren Leistung ist, derer man sich zur Übermittlung bedient und auch dafür bezahlt. Die Stellung der Telekommunikationsdienstleistungen ist in der Rechtsliteratur noch größtenteils ungeklärt,[126] jedoch für die Praxis und der damit verbundenen Haftung für die ordnungsgemäße Erfüllung sehr bedeutsam. Für die Beurteilung der Haftung und die Erfüllung muss allerdings zunächst geklärt werden, um welchen Vertragstypus es sich bei einer Internetzugangsbereitstellung handelt. Anbieten würden sich hier der Kaufvertrag, der Mietvertrag, der Dienstvertrag, der Werkvertrag oder schließlich, wenn keines der Merkmale der genannten Vertragstypen erfüllt ist, ein Vertragstyp eigener Art mit eigenen Besonderheiten.
Da die unterschiedlichen Vertragstypen in Bezug auf die Leistungsstörungen (Verzug, mangelhafte Leistung, Nichtleistung, Schadensersatz) unterschiedlichen Regelungen unterliegen, ist dies für die Praxis von großer Bedeutung.

b) Rechtliche Einordnung der Access-Providerleistung

Zu denken wäre hier bei der Einordnung von Zugangsverträgen an die Parallele des Rechenzentrumsvertrages sowie des Mailboxvertrages. Die Literatur und die Rechtsprechung qualifiziert diese überwiegend als Mietevertrag oder als gemischten Vertrag, bestehend aus miet- und dienstvertraglichen Ele-

---

[126] vgl. hierzu ausführlich Schneider, Handbuch des EDV-Rechts,

menten.[127] Ob der Vergleich allerdings dem Umfang eines Internetzugangs gerecht wird, ist fraglich, wie später noch erläutert wird.
Hauptsächlich wird aber in der Literatur vertreten, dass in diesen Dauerschuldverhältnissen das dienstvertragliche Element überwiegt, da der Access-Provider dem Nutzer eine Dienstleistung zur Verfügung stellt, indem er sein Rechnersystem für ihn bereithält, ihn seine Rechnerleistungen nutzen lässt, ihm Zugang zur Beschaffung von Informationen ermöglicht und eine Entlohnung entsprechend der Nutzungszeit vorliegt.[128]

Fraglich ist allerdings, ob der Anbieter in gewissen Fällen nicht nur lediglich eine dienstvertragliche Tätigkeit (§§ 611 ff. BGB), sondern einen Erfolg schuldet. Hierzu müsste dann das Werkvertragsrecht (§§ 631 ff. BGB) herangezogen werden. Auffälliger Unterschied zwischen den Vertragstypen ist, dass das Dienstvertragsrecht keine Gewährleistung kennt. Vertragsverletzungen begründen hier Ansprüche aus PVV, zu deren Geltendmachung immer ein Verschulden nachgewiesen werden muss.

Rdnr. O 127 ff.

[127] vgl. OLG Hamm, NJW 1989, S. 2629;
OLG München, Urteil vom 24.11.82, in:
Zahrnt, DV-Rechtsprechung I, RZ 10, 203 ff.

[128] Münch-Dalstein, Regulierung durch Access-Provider, in:
Rechtsprobleme im Internet, S. 1 ff.,
http://www.rewi.hu.de/RdI;
Koch, Computervertragsrecht, Teil 10, Rdnr. 38

Mit dem Werkvertrag wird dagegen eine vertragliche Garantie übernommen, die zu Gewährleistungsansprüchen führen kann.[129]

Speziell im Bereich der Kommunikationsdienstleistung könnten manche Tätigkeiten als erfolgsgerichtet angesehen werden. Zu nennen wären hier unter anderem die Datenübertragung und die E-Mail-Übertragung, da ein korrekter, fehlerfreier Transport einer bestimmten Datenmenge von einem Ort um anderen geschuldet wird. Sollte sich der Nutzer denn nicht auf die Bestätigung "E-Mail erfolgreich übertragen" oder "E-Mail versendet" verlassen können, die nach dem Abschicken einer E-Mail auf dem Bildschirm erscheint? Das Risiko des Erfolges sollte für den Access-Provider, durch die Bereitstellung einer zweiten Übertragungsleitung und eines zweiten Mailboxspeichers sowie einer Hotline und einem Warnsystem, beherrschbar sein.[130]
Schadensersatzansprüche, die auf einem Mangel des Werkes beruhen, könnten dann aus § 635 BGB[131] oder über PVV geltend gemacht werden.

Ob es hier also gerechtfertigt wäre, allein den Erklärenden nach einer Anfechtung gemäß § 120 BGB (Punkt 5.4.) auf einen Vertrauensschaden in Anspruch zu nehmen und ihm diesen Fehler zuzurechnen, scheint äußerst fraglich.

---

[129] hierzu: Münch-Dalstein, in: Rechtsprobleme im Internet, Regulierung durch Access-Provider, 1996, S. 1 ff., http://www.rewi.hu.de/RdI

[130] so auch Briner, Die Rechtstellung des AccessAccess-Providers, in: Hilty, Information Highway, S. 489, 502 ff.

Geschuldet wird hier also eigentlich ein Erfolg, nämlich die Herstellung der Verbindung vom Rechnersystem des Nutzers zum Internet und die fehlerfreie Übermittlung der vom Kunden bei der Nutzung abgesandten und empfangenen Daten.[132]

In Bezug auf die elektronische Übermittlung und Abspeicherung von Daten sollte hier ein Werkvertrag mit dienstvertraglichen Elementen vorliegen.
Trotzdem wird eben von der Rechtsliteratur ein Mietvertrag über die Nutzung des Anbietersystems[133] oder ein Dienstvertrag[134] angenommen.

Die rechtliche Einordnung der Gewährung eines Internetzugangs bleibt also umstritten, da man die Leistungspflichten eines Access-Providers, mangels üblicher Vorgaben, nicht objektiv bestimmen kann. Hier muss zur Klärung schließlich die Rechtsprechung abgewartet werden.

c) Nutzungsbestimmungen / AGB der Access-Provider in der Praxis

Eben gerade aus dem Grund, dass man die Leistungspflichten des Access-Providers nicht objektiv bestimmen kann, hängt

---

131 vgl. Brox, Besonderes Schuldrecht, Rdnr. 270
132 vgl. Heun, in: Die digitale Kommunikation, S. 64, 65
133 vgl. Müller-Hengstenberg, NJW 1996, S. 1778
134 so Koch, Computervertragsrecht, Teil 10, Rdnr. 38, ähnlich: AG Berlin-Charlottenburg, Beschl. vom 22.04.1997

der Leistungsumfang elementar von den individuellen vertraglichen Regelungen ab, die der Nutzer mit dem Access-Provider vereinbart. Die Leistung wird hierbei regelmäßig in den Nutzungsbestimmungen des Access-Providers festgelegt. Auf diese Nutzungsbestimmungen ist regelmäßig das AGBG anzuwenden. Entscheidend ist hierbei, dass es sich um vorformulierte Vertragsbedingungen handelt, die für eine Vielzahl von Verträgen aufgestellt wurden (§ 1 II AGBG). Dies trifft bei Zugangsverträgen zu, efs sei denn, es existieren Klauseln, die von den Parteien ausdrücklich ausgehandelt wurden, wie z.B. Ergänzungsvereinbarungen (§ 1 II AGBG).

In Bezug auf Gewährleistungs- und Haftungsansprüche hat die Anwendbarkeit des AGBG in der Praxis große Bedeutung, da das Gesetz im Ergebnis nur geringe Abweichungsmöglichkeiten zugunsten des Anbieters erlaubt. Gerade aber bei Haftungs- und Schadensersatzansprüchen für die Übertragung von E-Mails oder für Fehler im Netz ergeben sich bei den verschiedenen Anbietern in der Praxis erhebliche Unterschiede in den AGB-Klauseln.

So ist z.B. aus den Nutzungsbestimmungen eines Access-Providers (Anhang II) ersichtlich, dass keinerlei Beschränkungen in Bezug auf die Haftung und Gewährleistung vorgenommen werden. So wird lediglich die Leistung unter Punkt 2. Beschrieben, die unter anderem die Versendung von E-Mails sowie die Nutzung der Speicherkapazität vorsieht. Wohl gerade wegen der ungeklärten rechtlichen Einordnung der

---

18 C 1003/97

Kommunikationsdienstleistung wird hier auf ausdrückliche, beschränkende Klauseln verzichtet, da im Hinblick auf die AGB ein voller Gewährleistungsausschluss, weder im kaufmännischen noch im nichtkaufmännischen Bereich zulässig ist.[135]

Auch eine Haftungsbegrenzung, die bei fehlerhafter Kommunikationsleistung erhebliche Schadensfolgen nach sich ziehen kann, wird in den in Anhang II abgedruckten Nutzungsbedingungen nicht vorgenommen. Da Haftungsbegrenzungen durch das AGBG und die hierauf fußende ergangene Rechtsprechung stark eingeschränkt sind, hat der Access-Provider hier auf einen eventuell unwirksamen Ausschluss der Haftung verzichtet (§ 11, Nr. 7 AGBG).

Zu beachten ist bei AGB weiterhin, dass im nichtkaufmännischen wie im kaufmännischen Verkehr eine Haftung für Vorsatz und grobe Fahrlässigkeit weder eingeschränkt noch ausgeschlossen werden kann (§ 9 AGBG). Weiterhin kann die Haftung für leicht fahrlässig verursachte Schäden dann nicht ausgeschlossen werden, wenn es sich um wesentliche Vertragspflichten, deren Einhaltung zur Erreichung des Vertragszweckes geboten ist, handelt.[136] Als wesentliche Vertragspflicht sollte wohl ach die ordnungsgemäße Übersendung von E-Mails sowie die in jedem Umfang abzusichernde Bereitstellung eines elektronischen Briefkastens zählen. In den, unter Anhang III beigefügten, AGB eines weiteren Access-

---

[135] vgl. Palandt-Heinrichs, § 11 AGBG, Rdnr. 46 ff.

[136] vgl. Palandt-Heinrichs, § 9 AGBG, Rdnr. 41

Providers ist die wesentliche Vertragspflicht wohl unter Punkt 8.4 als “zugesicherte Eigenschaft” anzusehen, deren Missachtung zu einem Schadensersatzanspruch berechtigen würde. Die Haftungs- und Schadensersatzbegrenzungen werden in den AGB des Access-Providers (Anhang III) aufgeführt und finden soweit, auch unter Beachtung des AGBG, ihre Zulässigkeit.

In Bezug auf die AGB in Anhang III muss allerdings gesagt werden, dass Gewährleistungs- und Schadensersatzansprüche zunächst nutzlos sind, wenn die geschuldete Leistung so vage umschrieben ist, dass ein Ersatzanspruch nicht eintritt.[137] Genau dies ist in den AGB (Anhang III) zu erkennen, da hier eine Leistungsumschreibung nur ansatzweise zu erkennen ist. Der Begriff der elektronischen Post (E-Mail) wird hier nicht einmal erwähnt. Der Leistungsumfang ist demnach den technischen Gegebenheiten und den Anforderungen an den Access-Provider entsprechend weit auszulegen. Ein Schadensersatzanspruch ist somit, entsprechend den derzeitigen Anforderungen an die Leistung, aus einer PVV herzuleiten.
Angemerkt sei, dass es bezüglich des Leistungsumfangs doch im Interesse des Anbieters liegen sollte, seine Leistungspflichten genau zu kennen, um ein bestehendes Gewährleistungs- und Schadensersatzrisiko einschätzen, kalkulieren und gegebenenfalls vertraglich oder durch Einsatz von entsprechender Technik, reduzieren zu können. Dies wäre zum Beispiel allgemein durch das Bereitstellen einer zweiten Leitung oder einer aktuellen Mailboxkopie möglich.

Dem Kunden ist aber auf alle Fälle zu raten, die Durchsicht der AGB des Access-Providers mit größter Sorgfalt vorzunehmen, um eine, seinen Ansprüchen gerechtwerdende Sicherheit für die optimale Ausnutzung seines Internetanschlusses zu erlangen.
Ein Anspruch auf Schadensersatz könnte sich aber alternativ auch aus den §§ 40, 41 des Telekommunikationsgesetzes ergeben, das unter § 41 TKG zum Schutz des Nutzers die Bundesregierung ermächtigt, die Rahmenvorschriften für die Nutzung von Telekommunikationsdienstleistung für die Öffentlichkeit zu erlassen sowie Regelungen über die Haftung der Anbieter zu treffen (§ 41 TKG II, Nr. 1).

Die Behandlung der Access-Providerleistung ist derzeit noch mit einem hohen Unsicherheitsfaktor verbunden. Fraglich wird sein, zu welchem Ergebnis die Gerichte bei der konsequenten Anwendung der relevanten Gesetze gelangen. Weiterhin ist derzeit, durch die von Unsicherheit geprägten Nutzungsbestimmungen, nicht unbedingt ein zufriedenstellendes Ergebnis in Bezug auf die zu erbringende Leistung bzw. Haftung und Gewährleistung der Access-Provider zu erreichen.
Hier muss die Rechtsprechung, von der die Materie erst ansatzweise behandelt wurde, interessengerechte Maßstäbe setzen.

d) Das Teledienstegesetz

---

[137] vgl. Heun, in: Die digitale Kommunikation, S. 68

Das Teledienstegesetz (TDG) vom 22. Juli 1997[138] enthält Regelungen, die sowohl für das Straf- als auch für das Zivilrecht gelten und den dortigen Regelungen gleichsam als Filter vorzuschalten sind. Von besonderer Bedeutung ist die zentrale Vorschrift des § 5 TDG. Aufgrund von § 5 I bis III TDG kann eine Einteilung der Provider in Content-Provider, Access-Provider und Host-Provider vorgenommen werden, die in unterschiedlichem Maße Verantwortung tragen. Der in § 5 I TDG geregelte Content-Provider ist letztlich Anbieter einer Homepage, auf der der Verbraucher wie bereits dargestellt Verträge abschließen kann. § 5 I TDG verweist insoweit auf die allgemeinen Gesetze und enthält daher keine hierüber hinausgehende Regelung, so dass es bei der bereits erörterten Rechtslage bleibt.
Der Access-Provider nach § 5 III TDG bietet lediglich einen Internet-Zugang an. Er haftet grundsätzlich nicht für die Inhalte auf fremden Servern. Insofern hatte die Berufung des damaligen CompuServe-Geschäftsführers gegen seine vorangegangene Verurteilung[139] völlig zu Recht Erfolg.[140]
Der aus § 5 II TDG sich ergebende Host-Provider haftet dem Grundsatz nach ebenfalls zunächst nicht. Er ist jedoch hinsichtlich seiner tatsächlichen Eigenschaften zwischen Access- und Content-Provider anzusiedeln, da er fremde Inhalte zur Nutzung bereithält. Insofern ergibt sich nach dem Wortlaut des § 5 II TDG für ihn nur dann eine Haftung, wenn ihm die fremden Inhalte bekannt sind und es ihm sowohl möglich als auch zumutbar ist, ihre Verbreitung zu unterbinden.

---

[138] BGBl. I 1998, 1870
[139] AG München MMR 1998, 429

Allen Regelungen des § 5 TDG ist jedoch gemeinsam, dass sie eben nicht das originäre Vertragsverhältnis hinsichtlich Zustandekommen des Vertrages regeln wollen. Für den Content-Provider folgt dies bereits aus dem Verweis auf die allgemeinen Regeln. Für Access- und Host-Provider ergibt sich dies zwanglos aus der Überlegung, dass mit diesen Anbietern ein (Kauf-) Vertrag nicht vom Verbraucher angestrebt wird.

Daher sollen die Regelungen des TDG hier nicht vertiefend dargestellt werden.[141]

5. Missbrauch

Ein weiteres Problem, das beim Rechtsverkehr im Internet auftaucht, ist der Missbrauch. Das Internet ist ein relativ anonymes Kommunikationsmedium, das in diesem Bereich Probleme beim weisungslosen Handeln aufwirft und damit dem Vertretungsrecht bei Internetgeschäften besondere Bedeutung zukommen lässt.

Aufgrund der notwendigen Fernübertragung kommt weiterhin missbräuchliches Verhalten durch eine Zugangsvereitlung in Frage.

---

[140] LG München, MMR 2000, 171

[141] Ausführlich: Wimmer, ZUM 1999, 436, Waldenberger, MMR 1998, 129

Versendet zum Beispiel ein Dritter einen Auftrag über den Internetzugang für den jeweiligen Internetnutzer, obwohl weder eine Weisung und damit keine Vertretungsmacht noch die Notwendigkeit für den Auftrag vorliegt, stellt sich die Frage, ob und mit wem eine rechtsgeschäftliche Bindung besteht.

Wird eine elektronische Willenserklärung bewusst falsch ohne Vorliegen einer Vollmacht oder unter dem Namen des Anlagenbetreibers, also desjenigen, auf dessen Namen der Anschluss registriert ist, ohne dessen Zustimmung abgegeben, so ist der Vertrag zunächst schwebend unwirksam. Erfolgt keine nachträgliche Zustimmung (Genehmigung), so trifft den Dritten gemäß der allgemeinen Regeln der §§ 177, 179 BGB eine Eigenhaftung.[142] Der Empfänger der Erklärung könnte den Dritten gemäß § 179 I BGB nach seiner Wahl auf Erfüllung oder Schadensersatz in Anspruch nehmen, sofern der Dritte wusste, dass für ihn keine Vertretungsmacht vorlag. Hat der Dritte unbewusst gehandelt, so kann er vom Empfänger auf den Vertrauensschaden gemäß § 179 BGB in Anspruch genommen werden. Der Anlagenbetreiber ist also grundsätzlich nicht an den Auftrag gebunden.

Allerdings muss der Anlagenbetreiber Rechtsgeschäfte gegen sich gelten lassen, die ihm über die Duldungsvollmacht oder die

Anscheinsvollmacht zugerechnet werden können.[143] Im privaten Bereich kommt hier überwiegend das Handeln von Verwandten, Bekannten und Kindern in Betracht.

---

[142] Kuhn, Rechtshandlungen mittels EDV, S. 206

[143] hierzu Medicus, Allgemeiner Teil des BGB, Rdnr. 930;

Zu beachten sind auch Geschäfte, die zur Deckung des angemessenen Lebensbedarfs vom Ehegatten des Anlagenbetreibers gemäß § 1357 BGB getätigt werden. Der Anlagenbetreiber wird hier kraft der gesetzlichen Verpflichtungsermächtigung, aus dem Vertrag, berechtigt und verpflichtet.[144]
Eine weitere Ausnahme könnte sich auch im gewerblichen Bereich ergeben, wo der Vertretene, also der Geschäftsinhaber oder die juristische Person, von seinen Mitarbeitern oder sonstigen Dritten vertreten wird.
Zunächst kommen auch im gewerblichen Bereich wieder die Rechtsinstitute der Anscheins- und Duldungsvollmacht in Hinblick auf §§ 54, 55 HGB und § 56 HGB zum Zuge. Der Kunde muss aber gemäß § 54 III HGB bzw. § 173 BBG das "Kennen" oder "Kennenmüssen" der Einschränkung oder des Nichtvorliegens der Vertretungsmacht gegen sich gelten lassen. Die einfache Fahrlässigkeit (arg. aus § 122 II BGB) ist hier ausreichend, woraus sich aber noch keine allgemeine Nachforschungsobliegenheit ergibt.[145] Besteht keine Vertretungsmacht und ist der Erklärungsempfänger gutgläubig, so muss der Vertreter die
Willenserklärung gemäß §§ 177, 179 BGB gegen sich gelten lassen.

Hier stellt sich allerdings die Frage, inwieweit der Sender Sicherheitsvorkehrungen treffen muss, um weisungsloses Handeln seiner Mitarbeiter oder sonstiger Dritter zu vermeiden. Dies könnte durch Passwörter oder dem Vier-Augen-

---

Schwab, Einführung in das Zivilrecht, Rdnr. 676, 677
144 vgl. Kuhn, Rechtshandlungen mittels EDV, S. 198

Prinzip erreicht werden. Die Frage ist nämlich, ob es dem Sender zuzumuten ist, sich bezüglich der Schadensregulierung nur an den wirtschaftlich schwächeren Mitarbeitern verweisen zu lassen.

Um den Vertretenen (Anlagenbetreiber) auf Erfüllung oder Schadensersatz aus c.i.c. in Anspruch nehmen zu können, muss ein, zum Beispiel durch das unbefugte Verwenden des Signaturverfahrens[146] geschaffener Rechtsscheintatbestand, dem Vertretenen (Sender) zugerechnet werden. Hierzu müsste der Erklärungsempfänger beweisen, dass die Tatsachen die eine Zurechnung rechtfertigen würden, vorliegen, was ihm allerdings durch den fehlenden Einblick in die betriebliche Organisation des Vertretenen schwerfallen wird.

Im Falle eines Rechtsstreits wird er hier zwangsweise in eine Beweisnot geraten. Zur Vermeidung dieser Benachteiligung müsste das Risiko nach den Einflusssphären verteilt werden, so dass sich die Zurechnung des Rechtsscheins danach richtet, ob der Sender die Missbrauchsgefahr durch Sicherheitsvorkehrungen abstrakt beherrschen kann.[147]

Im Ergebnis bedeutet das, dass der Sender das Missbrauchsrisiko in seinem Verantwortungsbereich zu tragen hat. Ob der Sender alle erforderlichen Maßnahmen getroffen hat oder nicht, spielt also keine Rolle. Damit muss aber auch ihm die Möglichkeit offen gelassen werden, gemäß §§ 282, 285 BGB zu beweisen, dass er alle notwendigen Sicherheitsmaßnahmen

---

145 ausführlich: Canaris, Handelsrecht, 213 ff.
146 vgl. Börms, in: Die digitale Kommunikation, S. 96
147 vgl. Kuhn, Rechtshandlungen mittels EDV, S. 231; Börms, in: Die digitale Kommunikation, S. 97

getroffen hat und ihm der Rechtsschein somit nicht zugerechnet werden kann, womit er ein Organisationsverschulden ausschließen würde.[148]

Wie bei einem Rechtsstreit in solchen Fällen die Gerichte entscheiden werden, ist offen. Um Unsicherheiten wie hier beschrieben zu vermeiden, müssten Vereinbarungen über die Zurechnung von Missbrauchsrisiken getroffen werden.

Ebenfalls von Bedeutung ist in diesem Zusammenhang der Empfang bzw. Abruf und die Kenntnisnahme von E-Mails durch Mitarbeiter. Hier treten die Vorschriften über den sogenannten Wissensvertreter gemäß § 166 BGB, durch die sich der Vertretene das Wissen seiner Repräsentanten zurechnen lassen muss, ein.[149] Auch hier können sich Schadensersatzansprüche des Absenders einer Willenserklärung ergeben.

Ein weiteres Problem beim Missbrauch im elektronischen Rechtsverkehr stellt die Zugangsvereitlung dar. Der Internet-Access-Provider stellt dem Zugangsnutzer zusammen mit der E-Mail-Adresse eine gewisse Speicherkapazität für eingehende E-Mails zur Verfügung. Ist die Speicherkapazität erschöpft (ca. 10 MB), wird die E-Mail nicht abgespeichert, so dass sie nicht zugehen kann. Die Speicherkapazität ist also dann erschöpft, wenn der elektronische Briefkasten gefüllt ist und nicht geleert wird.

Grundsätzlich muss man bei einer Zugangsvereitlung unterscheiden, ob es sich um ein absichtliches Verhalten des

---

[148] vgl. Börms, in: Die digitale Kommunikation, S. 97; Köhler, AcP 182, S. 166 f.

[149] ausführlich Bayreuther, JA 1998 S. 459 ff.

Adressaten oder um andere, dem Adressaten zuzurechnende Zugangsstörungen handelt.
Bei einer absichtlichen Zugangsvereitlung findet analog §§ 162, 815 Alt. 2 BGB eine Zugangsfiktion statt,[150] während bei anderen Zugangsstörungen, die dem Adressaten zuzurechnen sind, die Erklärung erst dann zugeht, wenn diese tatsächlich in die Sphäre des Empfängers eingetreten ist, wobei allerdings der Einwand des verspäteten Zugangs keine Berücksichtigung findet.[151] Eine Zugangsstörung kann dem Adressaten nicht zugerechnet werden, wenn er sich nicht objektiv pflichtwidrig verhält.

Es stellt sich hier die Frage, welcher Maßstab für dieses objektiv pflichtwidrige Verhalten herangezogen werden muss. Teilweise wird vertreten, dass einen rein privaten E-Mail-Nutzer keine Pflicht trifft, seinen Anschluss für Nachrichten bereitzuhalten.[152] Ihm wäre demnach eine absichtliche Zugangsvereitlung sehr schwer nachzuweisen. Warum sollte sich aber ein privater Nutzer, der seine E-Mail-Adresse zum Empfang bereitstellt und bekannt gibt, diesen Sorgfaltspflichten entziehen können? Hierfür besteht kein Grund, da er selbst diese Art zum Empfang von Nachrichten gewählt hat. Der Weiterentwicklung und der rechtsgeschäftlichen Nutzung des Internets würde ein solcher Ausschluss entgegenwirken.

---

[150] vgl. Ultsch, NJW 1997, S. 3008;
Medicus, Allgemeiner Teil des BGB, Rdnr. 282

[151] vgl. Ultsch, NJW 1997, S. 3008

[152] vgl. Ultsch, NJW 1997, S. 3008

Bei geschäftlich genutzten E-Mail-Anschlüssen, die regelmäßig dem Empfang von E-Mails gewidmet werden, besteht unbestritten eine Pflicht zur Leerung des elektronischen Briefkastens.[153]

Beruht die Zugangsstörung auf der Tatsache, dass die abgespeicherten E-Mails in der Mailbox nicht gelöscht werden, ist die Zugangsstörung dem Adressaten zuzurechnen, da ein solches Verhalten als fahrlässig zu beurteilen ist. Hier ist als Maßstab der § 347 HGB heranzuziehen.

Ebenso ist der Fall zu beurteilen, in dem der Anschlussinhaber davon Kenntnis erlangt hat, dass E-Mails in seiner Mailbox abgelegt wurden oder eine Störung bei dem von ihm gewählten Internet-Access-Provider auftritt.[154]

Abschließend zu diesem Punkt soll erwähnt werden, dass die angesprochenen Lösungsmöglichkeiten nicht immer zu interessen-gerechten Lösungen führen müssen, da diese teilweise auf "Analogien" zu vorhandenen gesetzlichen Regelungen beruhen, was eine gewisse Unsicherheit mit sich bringt. Ob die Gerichte den Analogien folgen, ist offen. Um die Unsicherheit zu reduzieren und interessengerechte Lösungen herbeizuführen, sind klare vertragliche Regelungen zur Verringerung des Fehlerrisikos, der Fehlerzurechnung und der Haftung erforderlich. Ausgefeilte vertragliche Regelungen bieten der deutsche EDI-Mustervertrag[155] sowie der EDI Association of the United Kingdom (SIA) und der American Bar Association

[153] vgl. hierzu bereits oben zur Zugangsproblematik

[154] vgl. Ultsch, NJW 1997, S. 3008

[155] Kilian, "Deutscher EDI-Rahmenvertrag"

(ABA).[156] Sie geben umfangreiche vertragsrechtliche Anhaltspunkte zu Sicherungs- und Prüfungspflichten.[157]

---

[156] Europäische EDI-Mustervereinbarungen der Kommission der Europäischen Union, ABlEG vom 28.12.1994, Nr. 338/100 ff.

[157] hierzu ausführlich Börms, in: Die digitale Kommunikation, S. 103 ff.

VI. Anwendung verbraucherschutzrechtlicher Bestimmungen

Der Gesetzgeber hat unterschiedliche Regelungen zum Schutz der Verbraucher getroffen. Bei Geschäften, die den verbraucherschutzrechtlichen Bestimmungen unterliegen, soll dem Kunden eine Bedenkzeit von 7 Tagen eingeräumt werden, innerhalb der er, ohne Angabe von Gründen, vom Vertrag zurücktreten kann.

Zu beachten ist, dass Verbraucherverträge Verträge sind, die zwischen einer Person, die in Ausübung ihrer gewerblichen oder beruflichen Tätigkeit handelt (Unternehmer) und einer natürlichen Person, die zu privaten Zwecken handelt (Verbraucher), abgeschlossen werden, der in § 13 BGB legaldefiniert wird.[158] Hier muss wieder die neue Fassung des HGB (siehe oben) beachtet werden, die den Anbieter, der das Internet zum Verkauf nutzt, leicht als Kaufmann gemäß § 1 HGB erfassen kann.

Die Bestimmungen über den Verbraucherschutz könnten somit bei Geschäften im Internet auf jeden Fall leichter Anwendung finden als vor der Neufassung des HGB.

Inwieweit diese verbraucherschutzrechtlichen Bestimmungen auf Geschäfte im Internet anwendbar sind, soll im Folgenden behandelt werden.

---

[158] vgl. Wendel, Wer hat Recht im Internet? S. 118 ff.

1. Verbraucherkreditgesetz

Die Vorschriften des VerbrKrG finden Anwendung auf Kreditverträge und Kreditvermittlungsverträge (§ 1 VerbrKrG) sowie auf Verträge über Lieferungen in Teilleistungen oder über wiederkehrende Leistungen (§ 2 VerbrKrG). Online-Verträge werden in erster Linie von § 2 VerbrKrG erfasst.

Folgende Verträge fallen nach § 2 VerbrKrG unter den Anwendungsbereich:[159]

- Verträge über die Lieferung mehrerer als zusammengehörend verkaufter Sachen in Teilleistungen, bei denen das Entgelt für die Gesamtheit der Sachen in Teilleistungen zu entrichten ist, z.B. Bestellung von Buchreihen oder mehrbändiger/-mehrteiliger Sammelwerke (Lexika, CD's, Videokassetten)
- Verträge über die regelmäßige Lieferung von Sachen gleicher Art, z.B. Zeitschriftenabonnement
- Verträge, die die Verpflichtung zum wiederkehrenden Erwerb oder Bezug von Sachen zum Gegenstand haben, z.B. Buchgemeinschaften, Schallplattenring, Videoring

[159] vgl. MünchKomm, § 2 VerbrKrG Rdnr. 18, 24, 27; Palandt-Putzo, § 2 VerbrKrG Rdnr. 3, 4, 5, 6

a) Schriftformerfordernis

Der Abschluss eines Kreditvertrages bedarf der Formvorschrift des § 4 VerbrKrG i.V.m. § 126 BGB. Wie bereits oben näher dargelegt, erfüllt eine E-Mail dieses Erfordernis derzeit nicht. Erst mit der tatsächlichen technischen Umsetzung des SigG, des Inkrafttretens der und einer Anpassung an die Schriftform kann ein solcher Vertrag rechtswirksam elektronisch unterschrieben werden. Dem steht auch das Erfordernis einer zweiten Unterschrift zur Belehrung über das Widerrufsrecht (§ 7 II 1 VerbrKrG) nicht entgegen. Diese muss zwar vom übrigen Vertragstext "drucktechnisch" abgesetzt sein, was aber ebenso durch entsprechende graphische Gestaltung der Homepage erreicht werden kann.
Allerdings gilt derzeit, dass bei Nichtbeachtung der Schriftform der Vertrag nichtig ist (§§ 126, 125 I 1 BGB).

Eine Ausnahme hierzu sieht das sog. "Versandhandelsprivileg"[160] nach § 8 VerbrKrG vor. Hier hat der Gesetzgeber berücksichtigt, dass bei Massengeschäften im Versandhandel der eben beschriebene umständliche Arbeitsablauf für den Anbieter unzumutbar wäre. Gibt der Teilnehmer sein auf einen Vertragsschluss gerichtetes Angebot aufgrund eines Verkaufsprospekts ab, so findet die Formvorschrift des § 4 VerbrKrG keine Anwendung, wenn der Verbraucher den Verkaufsprospekt in Abwesenheit der anderen Vertragspartei eingehend zur Kenntnis nehmen konnte. Der Katalog muss alle für das Geschäft wesentlichen Angaben enthalten, also

---

[160] vgl. MünchKomm, Einführung § 8 VerbrKrG, Rdnr. 1,2

insbesondere Angaben über den Leistungsgegenstand, die Zahlungsmodalitäten, den Umfang der Abnahmeverpflichtung und die Dauer des Vertragsverhältnisses.
Bei dem Katalog kann es sich ohne weiteres auch um einen Online-Katalog[161] handeln. Die wesentlichen Vertragsmerkmale müssen aus dem Katalog "ersichtlich", also mühelos zu ersehen und lesbar gestaltet sein. Die eingehende Kenntnisnahme durch den Kunden muss lediglich möglich, nicht aber unbedingt auch tatsächlich erfolgt, sein.[162]

Sind diese Voraussetzungen in einem Online-Katalog gegeben, so bedarf es keines vom Kunden unterschriebenen Vertrages. Ein Online-Befehl des Teilnehmers per Mausklick dürfte ausreichen.

Ein Wirksamkeit von Verbraucherkreditverträgen im Internet könnte ebenfalls, trotz fehlender Unterschrift, gegeben sein, wenn man die Regelung des § 4 I, S. 3 VerbrKrG "wohlwollend" auslegt. Das Gesetz denkt wohl bei "Erklärungen durch automatische Einrichtung" eher an die Zulässigkeit von mechanisch vervielfältigten Unterschriften (Erklärungen von Behörden), so dass sich der Anwendungsbereich doch stark von einer individuell erstellten elektronischen Willenserklärung bzw. E-Mail unterscheidet. Trotzdem ist zu erkennen,

---

161 gegenteilig: MünchKomm zu § 8 VerbrKrG: Wiedergabe auf dem Bildschirm durch Werbesendungen, Teleshopping oder Btx ohne zugrunde liegendes Verkaufsprospekt genüge Anforderungen des § 8 nicht.

162 vgl. MünchKomm, § 8 VerbrKrG, Rdnr. 9

dass der Gesetzgeber Neuerungen in dieser Art nicht abweisend gegenübersteht.[163]

b) Widerrufsrecht

Die auf den Abschluss eines Vertrages gerichtete Willenserklärung des Teilnehmers wird erst wirksam, wenn dieser sie nicht binnen einer Woche schriftlich widerruft (§ 7 I VerbrKrG). Der Lauf dieser Frist beginnt erst, wenn dem Verbraucher eine drucktechnisch deutlich gestaltete und von ihm gesondert zu unterschreibende Belehrung über das Widerrufsrecht sowie Namen und Anschrift des Widerrufsempfängers mitgeteilt worden ist (§ 7 II VerbrKrG).[164] Bei fristgemäßem Widerruf wird der Vertrag rückabgewickelt (§ 7 IV VerbrKrG i.V.m. § 3 HWiG).

Auch insoweit gilt nach § 8 II VerbrKrG eine Ausnahme für den Versandhandel bzw. das Online-Shopping. Wird dem Verbraucher durch den Versandhändler das uneingeschränkte Recht eingeräumt, die bestellte Sache innerhalb einer Woche nach Erhalt zurückzugeben, so entfällt das Widerrufsrecht nach § 7 VerbrKrG. Das Rückgaberecht wird vom Verbraucher durch Rückgabe der Sache, bei nicht postpaketfähigen Sachen durch schriftliches Rückgabeverlangen, ausgeübt.

---

163 vgl. Wendel, Wer hat Recht im Internet ? S. 122

164 weiterführend: BGH, Urt. v. 12.05.98 - XI ZR 285/97 =NJW 1998, 33, S. 2438, Unterschrift des Verbrauchers unter die schriftliche Widerrufsbelehrung muss nicht auf dem ihm ausgehändigten Exemplar der Belehrung erfolgen, sondern kann auch auf ein anderes Exemplar gesetzt werden, das der Kreditgeber behält.

Zur Wahrung der Frist genügt die rechtzeitige Absendung der Sache oder des Rücknahmeverlangens. Die Versendung einer E-Mail sollte bei online geschlossenen Verträgen der schriftlichen Form des Rücknahmeverlangens genügen.[165]
Die Wochenfrist beginnt nur zu laufen, wenn entweder der Verkaufsprospekt, das Online-Bestellformular oder eine dem Verbraucher ausgehändigte besondere Urkunde, eine drucktechnisch deutlich gestaltete Belehrung über das Rückgaberecht enthalten.[166]

2. Haustürwiderrufsgesetz

Äußerst fraglich erscheint die Anwendung des Haustürwiderrufsgesetzes (HWiG), wenn der Verbraucher Verträge über seinen privaten Internetzugang von zu Hause aus abschließt. Danach müssen die Vertragsverhandlungen im Netz mündlich sein (§ 1 I Nr. 1 HWiG), es müsste sich um eine Freizeitveranstaltung handeln (§ 1 I Nr. 2 HWiG) oder die Kommunikation auf der Datenautobahn, ein Ansprechen auf öffentlichen Verkehrswegen sein (§ 1 I Nr. 3 HWiG). Alle drei Voraussetzungen sind keinesfalls für die Anwendung des HWiG gegeben. Der Austausch von E-Mails und elektronischen Willenserklärungen umfasst nicht den Handlungsbedarf des HWiG, das die persönlichen Gespräche (überwiegend mit Vertretern) und damit verbundene Überrumpelungsmöglichkeiten beinhal-

[165] vgl. Palandt-Putzo, § 8 VerbrKrG, Rdnr. 8
[166] vgl. MünchKomm ,§ 8 VerbrKrG, Rdnr. 27-29, Palandt-Putzo, § 10 VerbrKrG, Rdnr. 8

tet.[167] Gegen eine Überrumpelungsmöglichkeit spricht auch, dass der Kunde sich selbst in das Netz einwählt und die gewünschte Homepage aufruft. Er entscheidet also frei über eine Bestellung.

Grundsätzlich soll also das HWiG nach dem Willen des Gesetzgebers keine Anwendung auf Geschäfte finden, die in § 1 nicht genannt sind. Dennoch wird die Anwendbarkeit des HWiG auf das Teleshopping (im Sinne des traditionellen Fernsehshoppings via TV und Telefon) heftig diskutiert. Die Befürworter führen an, dass der Verbraucher beim Teleshopping ebenso schutzwürdig sei wie bei einem klassischen Haustürgeschäft.[168]
Sollte die Anwendung des HWiG auf das Teleshopping bejaht werden, müsste das HWiG auch konsequenterweise auf Internetgeschäfte Anwendung finden. Wie vorhergesehen und gefordert wurde bei zunehmender Bedeutung des Online-Shoppings mittelfristig auch der Gesetzgeber aktiv.[169]

Eine Änderung bracht die seit 1992 von der Europäischen Kommission geplante Richtlinie über den Verbraucherschutz im Fernabsatz (Fernabsatzrichtlinie)[170] bringen, die durch Gesetz vom 27. Juni 2000 als das Fernabsatzgesetz in natio-

---

167 ausführlich: Ernst, VuR 1997, S. 261, 262
168 für eine Anwendbarkeit etwa Bultmann/Rahn, NJW 1998, 2431, 2435
und Eckert, BB 1994, 717, 721;
dagegen Palandt-Putzo, HWiG § 1, Rdnr. 7;
und Wendel, Wer hat Recht im Internet, S. 123
169 http://www.mz.iao.fhg.de/event/op/witte_1.html
170 ausführlich Erber-Faller, in: Die digitale Kommunikation, S. 134 ff.

nales Recht umgewandelt wurde.[171] Hier finden Teile der verbraucherschutzrechtlichen Bestimmungen, wie das Widerrufsrecht auf Verträge, die mit elektronischen Hilfsmitteln geschlossen werden, Anwendung.[172]

---

171 BGBl. I 2000, S. 887

172 hierzu Deville/Kalthegener, NJW-CoR 1997, S. 172, http://www.netlaw/ThomasHoeren, S. 133

VII. Resümee und Ausblick

Zusammenfassend lässt sich das Ergebnis dieser Arbeit wie folgt darstellen:

Das Internet ist entgegen immer wieder auftauchender Behauptungen jedenfalls im Bereich des Vertragsrechts kein rechtsfreier Raum. Im Grunde besteht rechtlich (bislang) kaum ein Unterschied zwischen Vertragsschluss in- und außerhalb des Internets.

Zahlreiche Rechtsgeschäfte, insbesondere gewöhnliche Kaufverträge, bedürfen für ihre Wirksamkeit nach deutschem Recht überhaupt keiner Schriftform, so dass sich für diese Geschäfte keine größeren Probleme im Internet ergeben. Bei Geschäften, die nach deutschem Recht der Schriftform unterliegen, kann das Signaturgesetz (SigG) im Zusammenhang mit einer geeigneten Anpassung an gegebene Formerfordernisse (Einfügung des § 126a in das BGB durch das Schuldrechtsmodernisierungsgesetz zum 1. Januar 2002) Abhilfe und damit Rechtssicherheit schaffen.
Zweifellos sind Kaufverträge auch über das Internet zu schließen. Der Mausklick bzw. das Betätigen der Return-Taste des Computers, als Bestätigung eines elektronisch ausgefüllten oder geschriebenen Kaufvertrages, ist eine rechtsgültige Willenserklärung.
Zivilrechtlich ist eine elektronisch abgegebene Willenserklärung gut in das System des BGB einzuordnen. Es handelt sich

beim Mausklick um die Äußerung des Willens, bestimmte Rechtsfolgen eintreten lassen zu wollen.
Beim vollautomatisierten Bestellverfahren verliert die Unterscheidung zwischen Willenserklärungen unter Anwesenden und Abwesenden weitgehend an Bedeutung, weil sich die Annahmefrist des § 147 II BGB auf einen Zeitraum verkürzt, die der Regelung des § 147 I BGB entspricht.
Die Anfechtbarkeit gemäß § 119 BGB oder bei Übertragungsfehler gemäß § 120 BGB sind auf die elektronisch abgegebene Willenserklärung ebenfalls anwendbar. Problematisch in Bezug auf elektronische Willenserklärungen ist aber die Beurteilung des anzulegenden Maßstabes an die Sorgfaltspflichten des Nutzers, die mit einem Internetanschluss verbunden sind. Die hierbei von der Literatur niedrig angesetzten Maßstäbe im privaten Bereich sind teilweise nicht vertretbar. Gerade im Zuge der Weiterentwicklung des Electronic Commerce und dem damit verbundenen Sicherheitsbedürfnis bei Rechtsgeschäften werden auch in Zukunft weiterhin erhöhte Anforderungen auf die Anschlussinhaber zukommen müssen. Gerade Kaufleute müssen sich hier gesteigerte Sorgfaltspflichten bei der Nutzung des Vertriebsweges "Internet" zurechnen lassen.
Dies gilt auch bei der Unterscheidung zwischen verbindlichem Angebot und invitatio ad offerendum. Ein verbindliches Angebot sollte immer dann vorliegen, wenn der Kunde nichts anderes annehmen darf bzw. wenn der Verkäufer dies nicht ausschließt. Die grundsätzlich wahrzunehmende Tendenz zur invitatio ad offerendum würde der Entwicklung des Internets entgegenwirken.

Die verbraucherrechtlichen Bestimmungen des VerbrKrG finden im Internet auch bei fehlender Schriftform im Hinblick auf das Versandhandelsprivileg ihre Anwendung. Das Haustürwiderrufsgesetz allerdings findet derzeit noch keine Anwendung auf Internetgeschäfte. Hier ist der Gesetzgeber gefordert, der bereits durch die Bearbeitung einer Fernabsatzrichtlinie auf EU-Ebene und ihrer späteren Umsetzung tätig wurde. Die Inkorporierung dieser Normen in das BGB steht unmittelbar bevor.
Auch allgemeine Geschäftsbedingungen können in Internetgeschäfte einbezogen werden. Der Verwender der AGB hat allerdings in Bezug auf die Einbeziehung, insbesondere bei der "zumutbaren Möglichkeit der Kenntnisnahme", einige Besonderheiten zu beachten. Kriterien wie die Übersichtlichkeit der Homepage, Darstellung des AGB-Links und die Form der AGB sind hierbei zu berücksichtigen.

Problematischer stellt sich die Einordnung der Leistungspflichten und die damit verbundenen Zurechnungen von fehlerhaften Rechtsgeschäften der Access-Provider dar. Für die E-Mail-Versendung und die Bereitstellung einer Mailbox sollte ein erfolgsgerichteter Maßstab für die Erbringung der Access-Providerleistungen einschlägig sen. Denn gerade ein modernes Kommunikationssystem, das durch die technische Entwicklung eine weitgehende Möglichkeit des beherrschbaren Risikos, in Bezug auf Fehler, bieten kann, sollte dem Sicherheitsbedürfnis der Nutzer zugute kommen.

Es ist durchaus möglich und zu erwarten, dass sich Access-Provider, aber auch private und gewerbliche Nutzer, durch die steigende Bedeutung des Internets, immer neuen und veränderten Sorgfalts- und Leistungspflichten anpassen müssen. Dies dürfte vor allem für die im Rahmen der Arbeit mehrfach diskutierte Verpflichtung zum Leeren der Mailbox gelten. Da die wirtschaftliche bzw. rechtsgeschäftliche Nutzung des Internets gerade erst richtig beginnt, muss man sich zur Zeit mit variablen und anpassungsfähigen Rechtsnormen, die der Auslegung unterliegen, sowie individuellen vertraglichen Vereinbarungen zufrieden geben.

Bereits heute entwickelte Rechtsgrundsätze können sich morgen schon als veraltet und im rechtlichen Sinne überholt darstellen, da der Gesetzgeber auf die rasante technologische Entwicklung nur reagieren kann. Erschwerend hinzu kommt hierbei die internationale Ausrichtung des Internets, wodurch die ausländischen Rechtsnormen und Entwicklungen ebenfalls beachtet werden müssen.

Die Gerichte und der Gesetzgeber konnten zwar schon grundlegende Streitfragen im Bereich des Wettbewerbs-,[173] Urheber-,[174] Persönlichkeits-[166] bzw. Namensrechts klären,

---

173 LG Hamburg, Urteil vom 02.05.1996 - 308 O 88/96, http://www.netlaw.de/urteile/lghh_1.html;
OLG Düsseldorf, Urteil vom 14.05.96 - 20 U 126/95, http://www.online-recht.de/vorent.html;
LG Berlin, Beschluss vom 14.05.98 - 16 O 301/98, http://www.online-recht.de/vorent.html;
OLG Karlsruhe, K & R 1998, 506
OLG Frankfurt NJW 1998, S. 2683

174 Landgericht Hamburg, Urteil vom 02.05.1996 - 308 O 88/96, http://www.netlaw.de urteile/lghh_1.html;
OLG Düsseldorf, Urteil vom 14.05.96 - 20 U 126/95, http://www.online-recht.de/vorent.html

doch können auch im Bereich des Kaufrechts, mit zunehmender Kommerzialisierung des Internets, Grundlagenurteile erwartet werden. Welche Beweiskraft das einzelne Gericht hier beispielsweise einer E-Mail zukommen lässt, wird in diesem Zusammenhang eine erhebliche Rolle spielen. Jedenfalls ist in diesem Bereich mit erheblichen Beweisschwierigkeiten zu rechnen, da (nicht ausgedruckte) E-Mails sich nur schwerlich zum Gegenstand der mündlichen Hauptverhandlung machen lassen dürften, was zu Beweiszwecken jedoch erforderlich wäre. Hinzu kommt der tatsächliche Umstand, dass viele Anbieter von Online-Mailboxen die Nachrichten automatisch nach 30 Tagen löschen.

Im Hinblick auf den Electronic Commerce erwartet man weiterhin gesetzliche Regelungen über die steuerrechtliche Behandlung der im Internet abgeschlossenen Verträge sowie bezüglich des Verbraucherschutzes Regelungen das anwendbare Recht bei Verträgen mit Auslandskontakt.

Man darf also der rechtlichen und wirtschaftlichen Weiterentwicklung des Rechtsverkehrs im Internet, wofür der technologische Faktor immer wieder auslösende Impulse geben wird, mit Spannung gegenüberstehen.
Als nächster Schritt ist daher das Inkrafttreten des Schuldrechtsmodernisierungsgesetzes zum 1. Januar 2002 abzuwarten, dass am 26. November im Bundestag beschlossen wur-

de[175] und einige wesentliche Neuerungen für den Vertragsschluss via Internet beinhalten wird.
Zusätzlich zu den Regelungen des Fernabsatzgesetzes müssen Betreiber von Online-Shops auch den künftig in Umsetzung der Artikel 10 und 11 der E-Commerce-Richtlinie[176] durch das Schuldrechtsmodernisierungsgesetz in das BGB einzufügenden § 312 e beachten. Verkäufer müssen ihren Kunden danach ermöglichen, bei Online-Verkäufen Eingabefehler vor Abgabe der Bestellung zu erkennen und den Eingang einer Bestellung unverzüglich auf elektronischem Wege zu bestätigen. Das kann durch eine eingeblendete Website oder eine E-Mail geschehen. Diese Informations- und Schutzpflichten bestehen nicht, wenn der Vertragsschluss ausschließlich durch individuelle Kommunikation, also etwa nach dem Austausch von E-Mails erfolgt oder zwischen Kaufleuten etwas anderes vereinbart wurde.
Diese Regelung passt nicht in das bisherige deutsche Zivilrechtssystem, wo zum Vertragsschluss lediglich zwei übereinstimmende Willenserklärungen, Angebot und Annahme, erforderlich sind. Nun muss vielmehr noch eine dritte Erklärung, namentlich die Bestätigung, erfolgen. Durch diese Regelung wird das dargestellte Verhältnis von Angebot, Annahme und invitatio ad offerendum verwischt, was letztlich auch darauf zurückzuführen sein dürfte, dass das europäische Recht die invitatio ad offerendum nicht kennt. Für den Verbraucher wird

---

175 BGBl. I 2001, S. 3138

176 Richtlinie 2000/31/EG des Europäischen Parlaments und des Rates vom 8. Juni 2000 über bestimmte rechtliche Aspekte der Dienste der Informationsgesellschaft, insbesondere des elektronischen Ge-

jedoch zweifellos ein Mehr an Rechtssicherheit geschaffen; abzuwarten bleibt allein die sich an der Neuregelung entwikkelnde Dogmatik.

---

schäftsverkehrs, im Binnenmarkt ("Richtlinie über den elektronischen Geschäftsverkehr"), ABlEG 2000 Nr. L 178, 1

ANHANGSVERZEICHNIS

Anhang I

Entwurf des neu in das Bürgerliche Gesetzbuch einzufügenden § 126a

Vorgelegt von der offenen Arbeitsgruppe der Bundesnotarkammer (1995):

(1) Ist durch das Gesetz die elektronische Form vorgeschrieben, so muss der Aussteller der Erklärung dem Text seinen Namen hinzusetzen und beides elektronisch unterzeichnen (elektronische Unterschrift). Die elektronische Unterschrift muss in einem als sicher anerkannten Verfahren erklärungsabhängig und unterzeichnerabhängig hergestellt werden. Erklärung und Unterschrift müssen dauerhaft und lesbar wiedergegeben werden können. Die elektronische Unterschrift muss auf eine Urkunde verweisen, in der der Aussteller die Zuordnung der verwendeten Unterschriftsschlüssel zu seiner Person erklärt hat, die Erklärung wiedergegeben und die Stelle nennen, bei der der Unterschriftsschlüssel überprüft werden kann. Die Erklärung bedarf der notariellen Beurkundung.

(2) Die Anerkennung von Verfahren nach Abs. 1, Satz 2 erfolgt durch das Bundesministerium des Inneren. Die Bundesregierung wird ermächtigt, durch Rechtsverordnung mit Zustimmung des Bundesrates die Anforderungen an dieses Verfahren zu regeln. Die Zulassung von Stellen, die für die Ausgabe, Verwaltung und Überprüfung von Unterschriftsschlüsseln zuständig sind, erfolgt durch das Bundesministerium ... Das Nähere regelt ein Bundesgesetz.

Alternative:

(2) Die Bundesregierung wird ermächtigt, mit Zustimmung des Bundesrates durch Rechtsverordnung die Anforderungen an die als sicher anerkannten Verfahren nach Abs. 1, Satz 2 und an die Stellen zu regeln, die für die Ausgabe, Verwaltung und Überprüfung von Unterschriftsschlüsseln zuständig sind.

(3) Bei einem Vertrag gilt § 126 Abs. 2 BGB entsprechend.

(4) Die elektronische Form wird durch die schriftliche Form sowie die notarielle Beurkundung ersetzt.

Der Volltext des Entwurfs war nicht öffentlich, er kann bei der Bundesnotarkammer, Burgmauer 53, 50667 Köln angefordert werden; vgl. auch Erber-Faller, Gesetzgebungsvorschläge der Bundesnotarkammer zur Einführung elektronischer Unterschriften, CR 1996, 375

Anhang II

Anhang II

Deutsche Telekom Online Service GmbH
Allgemeine Geschäftsbedingungen
T-Online (Nutzer)

T · · Online ·

Präambel
Die Deutsche Telekom Online Service GmbH (im folgenden „DeTeOnline" genannt) erbringt den Dienst T-Online nach den Bestimmungen der Telekommunikations-Kundenschutzverordnung und den nachfolgenden Allgemeinen Geschäftsbedingungen. Die Telekommunikations-Kundenschutzverordnung gilt auch, wenn in den nachstehenden Bedingungen nicht ausdrücklich auf sie Bezug genommen wird.

1 Gegenstand der Bedingungen
Die nachfolgenden Bedingungen regeln die Inanspruchnahme des Dienstes T-Online der DeTeOnline durch Nutzer mit eigener Zugangsberechtigung (im folgenden „Nutzer" genannt).

2 Standardleistung
Der Dienst T-Online der DeTeOnline ermöglicht den Abruf von Texten, Daten und grafischen Darstellungen, die von der DeTeOnline innerhalb der eigenen Netze angeboten werden, aus dem T-Online-Netzknoten zur Wiedergabe auf Personalcomputern (im folgenden „PC" genannt) oder anderen Bildschirmgeräten. Auf Abruf durch den Nutzer werden die Daten als Texte und Grafiken wiedergegeben oder zur Offline-Verarbeitung übertragen. Zu diesem Zweck stellt die DeTeOnline dem Nutzer eine Software zur Verfügung. Nur mit dieser Software kann die ordnungsgemäße Darstellung und Funktionsweise der übertragenen Daten aller Angebote auf PC sichergestellt werden. Soweit DeTeOnline sich der Dienste anderer Anbieter sowie aus anderen Diensten und Netzen bedient, um Texte, Daten und grafische Darstellungen im Auftrag des Nutzers ordnungsgemäß zu übertragen, ist die Leistung von T-Online darauf beschränkt, eine funktionstüchtige Schnittstelle zu den Netzen anderer Anbieter zur Verfügung zu stellen.

2.1 Zugang
Der Zugang zu T-Online erfolgt mit den Übertragungsgeschwindigkeiten 300 bit/s dx, 1 200/75 bit/s, 1 200 bit/s dx, 2 400 bit/s dx, 14 400 bit/s dx, 28 800 bit/s dx, 33 600 bit/s dx und 64 kbit/s dx über das Telefonnetz/ISDN und über andere Netze nach den jeweils dafür geltenden Bedingungen.

2.2 Persönliches Kennwort

2.2.1 Der Zugang zu T-Online wird im Rahmen der bestehenden technischen und betrieblichen Möglichkeiten durch die Zugangsberechtigung (Zugangskennung, Teilnehmer- und Mitbenutzernummer und persönliches Kennwort) ermöglicht. Der Nutzer kann das persönliche Kennwort jederzeit ändern.

2.2.2 Werden unter einer Zugangskennung dreimal hintereinander falsche persönliche Kennwörter in T-Online registriert, wird die Verbindung unterbrochen. Werden zwischen zwei Datenreorganisationen, die DeTeOnline im Regelfall täglich durchführen läßt, neunmal falsche persönliche Kennwörter unter einer Zugangskennung registriert, so wird diese zum Schutz des Nutzers vorübergehend gesperrt. Die Entsperrung erfolgt auf Wunsch des Nutzers mit der nächsten Datenreorganisation.

2.3 Weitere Basisleistungen
Mit T-Online stellt die DeTeOnline berechtigten Nutzern im Rahmen der bestehenden technischen und betrieblichen Möglichkeiten folgende Leistungen zur Verfügung:

2.3.1 Abruf bundesweiter Angebote;

2.3.2 Abruf regionaler Angebote aus dem Bereich, dem die Teilnehmernummer zugeordnet ist oder bei Zugang über einen fremden Netzknoten aus dem regionalen Bereich dieses Netzknotens. Nutzern mit Sitz im Ausland wird kein Regionalbereich zugeordnet;

2.3.3 Abruf regionaler Angebote aus anderen regionalen Bereichen;

2.3.4 Zugang zum weltweiten Internet;

2.3.5 Zugang zu Btx plus;

2.3.6 Übermittlung von Daten zu im Dienst T-Online betriebenen Endeinrichtungen zur Durchführung von Verarbeitungsprozessen;

2.3.7 Zugang zu Externen Rechnern;

2.3.8 Nutzung von Suchhilfen;

2.3.9 Nutzung von Systemhinweisen;

2.3.10 Übermittlung von eMails an berechtigte T-Online Nutzer und ins Internet. Eingegangene eMails werden 30 Tage zum Abruf bereitgehalten; bis zu diesem Zeitpunkt nicht abgerufene eMails werden gelöscht. Empfangs- und Lesebestätigungen erfolgen nicht;

2.3.11 Übermittlung von Mitteilungen (Mitteilungsseiten) an berechtigte T-Online-Nutzer. Mitteilungsseiten werden 30 Tage zum Abruf bereitgehalten. Nicht abgerufene Mitteilungsseiten werden nach 30 Tagen an den Absender zurückgesandt und nach weiteren 30 Tagen gelöscht;

2.3.12 Übermittlung von Mitteilungen an einen vom Anbieter bestimmten T-Online Nutzer (Antwortseiten). Antwortseiten werden 30 Tage zum Abruf bereitgehalten, nicht abgerufene Antwortseiten werden nach 30 Tagen gelöscht;

2.3.13 Empfang von Mitteilungs- und Antwortseiten;

2.3.14 Nutzung von Speicherkapazität;

2.3.15 Teilnahme an geschlossenen Benutzergruppen, welche durch die jeweiligen Anbieter festgelegt werden;

2.3.16 Einrichtung von Mitbenutzern;

2.3.17 Zuordnung eines neuen persönlichen Kennwortes;

2.3.18 Änderung der Angaben zur Teilnehmernummer.
Der Kunde kann die unter seiner Teilnehmernummer nutzbaren T-Online-Leistungsmerkmale im Rahmen der bestehenden technischen und betrieblichen Möglichkeiten einschränken.

2.4 Abruf von vergütungspflichtigen Angeboten
Anbieter können den Abruf von Angeboten mit einer vorher angekündigten Vergütung belegen („Anbietervergütung"). DeTeOnline bietet dem Nutzer das Recht, solche vergütungspflichtige Angebote bis zu einem Betrag in Höhe von DM 600,00 je Monat zu nutzen. Die DeTeOnline prüft an jedem Werktag, ob die Summe der im laufenden Abrechnungszeitraum aufgekommenen Anbietervergütungen diesen Betrag überschreitet. Ist dies der Fall, wird DeTeOnline den Abruf weiterer vergütungspflichtiger Angebote unterbinden („Zugriffssperre"). An Samstagen, Sonntagen, bundeseinheitlichen Feiertagen, Fronleichnam und Allerheiligen erfolgt keine Prüfung. Nach schriftlicher Erklärung des Nutzers, jedoch nicht per eMail, kann die Begrenzung unwirksam geschaltet werden.
Nach der Freischaltung eines Zugangs, der wegen Zahlungsverzugs (Punkt 9.1) gesperrt war, oder nach Aufhebung einer Vergütungssperre wegen Nichtzahlung von Anbietervergütungen kann die DeTeOnline eine unwirksame Begrenzung des Abrufs von vergütungspflichtigen Angeboten wieder aktivieren.

3 Zusätzliche Leistungen
Die DeTeOnline erbringt jeweils nach Vereinbarung gegen gesondertes Entgelt, das sich nach der bei Auftragserteilung gültigen Preisliste richtet, insbesondere folgende zusätzliche Leistungen:

3.1 Schriftliche Aufstellung über die Zusammensetzung der in Rechnung gestellten Anbietervergütungen (Einzelvergütungsnachweis);

3.2 Abrechnung der Preise für die Inanspruchnahme von T-Online und der Anbietervergütungen über eine Rechnung zusätzlich zu der üblichen Telekom-Rechnung (Zusätzliche Rechnungslegung);

3.3 Übermittlung von Mitteilungen zu Zugängen anderer Telekommunikationsdienste;

3.4 Zugänge zu anderen nationalen und internationalen Telekommunikationsdiensten;
3.5 Weitere Leistungen gemäß der Preisliste für Sonstige Dienstleistungen.

4 Pflichten und Obliegenheiten der Nutzer
Der Nutzer ist insbesondere verpflichtet:
4.1 die vereinbarten Preise entsprechend der Preisliste fristgerecht zu zahlen. Für jeden nicht eingelösten Scheck oder jede nicht eingelöste bzw. zurückgereichte Lastschrift hat der Nutzer der DeTeOnline die entstandenen Kosten in dem Umfang zu erstatten, wie er das kostenauslösende Ereignis zu vertreten hat;
4.2 bei Rechnungsstellung über die Telekom-Rechnung der Deutschen Telekom AG, der DeTeOnline unverzüglich jede Änderung der Buchungskontonummer mitzuteilen;
4.3 die Zugangskennung und das persönliche Kennwort vor dem Zugriff durch Dritte geschützt aufzubewahren;
4.4 alle Mitbenutzer seiner Teilnehmernummer auf die Bekanntgabe der Zusammensetzung der in Rechnung gestellten Anbietervergütungen hinzuweisen und dem Auftrag für den Einzelvergütungsnachweis eine schriftliche Erklärung mit diesem Inhalt beizufügen;
4.5 den Dienst T-Online nicht mißbräuchlich zu nutzen.

5 Nutzung durch Dritte
Der Nutzer hat auch die Preise zu zahlen, die durch Mitbenutzer oder unbefugte Nutzung seiner Zugangskennung entstanden sind, wenn und soweit er diese Nutzung zu vertreten hat.

6 Abrechnung von Anbietervergütungen
6.1 Die Anbietervergütungen werden dem Nutzer von der DeTeOnline über die Deutsche Telekom AG in Rechnung gestellt.
6.2 Bezahlt der Nutzer eine Rechnung unvollständig, die sowohl Anbietervergütungen als auch sonstige Forderungen der DeTeOnline und der Deutschen Telekom beinhaltet, so gilt die Zahlung auf die Forderung der DeTeOnline und der Deutschen Telekom geleistet, falls der Nutzer keine anderslautende Erklärung abgibt.
6.3 Zahlt der Nutzer trotz Mahnung fällige Anbietervergütungen nicht oder nur teilweise, so ist DeTeOnline berechtigt, dem jeweiligen Anbieter die zur angemessenen Rechtsverfolgung notwendigen Daten des Nutzers mitzuteilen.
6.4 Zahlt ein Nutzer trotz Mahnung mit Hinweis auf die Folgen und ohne schriftliche Begründung seinerseits nicht alle der verursachten Anbietervergütungen, so kann die DeTeOnline den Nutzer und seine Mitbenutzer auf seine Kosten von der weiteren Inanspruchnahme von vergütungspflichtigen Angeboten anderer Anbieter ganz oder teilweise ausschließen, wenn der Rückstand mindestens 150,00 DM beträgt (Zugriffssperre).
Die Zugriffssperre wird aufgehoben, wenn
6.4.1 die Bezahlung der rückständigen Anbietervergütungen bei der DeTeOnline nachgewiesen wurde oder
6.4.2 der Nutzer glaubhaft macht, daß er seine Pflicht zur Zahlung der rückständigen Anbietervergütung gegenüber dem Anbieter bestritten hat.
6.5 Einwendungen gegen in Rechnung gestellte Anbietervergütungen können gegenüber der DeTeOnline nur schriftlich und unter Beifügung der Rechnungsunterlagen erhoben werden. Dies muß möglichst umgehend nach Rechnungszugang geschehen, jedoch spätestens acht Wochen nach Rechnungsdatum. In der Einwendung muß die schriftliche Erklärung des Nutzers enthalten sein, daß er alle Mitbenutzer seiner Kennung auf die Bekanntgabe der Anbietervergütungen hingewiesen hat.

7 Zahlungsbedingungen
7.1 Monatliche Preise sind, beginnend mit dem Tag der Verschaffung der Zugangsmöglichkeit zu T-Online, für den Rest des Monats anteilig zu zahlen. Danach sind diese Preise monatlich im voraus zu zahlen und werden mit Zugang der Rechnung fällig. Ist der Preis für Teile eines Kalendermonats zu berechnen, so wird dieser für jeden Tag mit 1/30 des monatlichen Preises berechnet. Ein voller monatlicher Preis wird berechnet, wenn der Nutzer das Vertragsverhältnis vor Ablauf von 30 Kalendertagen kündigt.
7.2 Sonstige Preise, insbesondere Preise für die Übermittlung von Mitteilungen und Anbietervergütungen, sind nach Erbringung der Leistung und Zugang der Rechnung zu zahlen.
7.3 Der Rechnungsbetrag ist auf das in der Rechnung angegebene Konto zu zahlen, und zwar muß er spätestens am zehnten Tag nach Zugang der Rechnung gutgeschrieben sein oder es muß bei der zuständigen Buchungsstelle ein Scheck in Höhe des Rechnungsbetrages eingegangen sein.

8 Einwendungen
Einwendungen gegen die Höhe der in Rechnung gestellten nutzungsabhängigen Preise für Leistungen der DeTeOnline können gegenüber der DeTeOnline nur schriftlich erhoben werden. Dies muß möglichst umgehend nach Rechnungszugang geschehen, jedoch spätestens acht Wochen nach Rechnungsdatum. Die Unterlassung rechtzeitiger Einwendungen gilt als Genehmigung; die DeTeOnline wird in den Rechnungen auf die Folgen einer unterlassenen rechtzeitigen Anzeige besonders hinweisen. Gesetzliche Ansprüche des Nutzers bei Einwendungen nach Fristablauf bleiben unberührt.

9 Verzug
9.1 Bei Zahlungsverzug des Nutzers ist die DeTeOnline nach den Vorschriften der Telekommunikations-Kundenschutzverordnung berechtigt, den Zugang zu T-Online auf Kosten des Nutzers zu sperren. Der Nutzer bleibt in diesem Fall verpflichtet, die monatlichen Preise zu zahlen.
9.2 Kommt der Nutzer
9.2.1 für zwei aufeinanderfolgende Monate mit der Bezahlung der Preise bzw. eines nicht unerheblichen Teils der Preise oder
9.2.2 in einem Zeitraum, der sich über mehr als zwei Monate erstreckt, mit der Bezahlung der Preise in Höhe eines Betrages, der das monatliche Grundentgelt für zwei Monate erreicht, in Verzug, so kann die DeTeOnline das Vertragsverhältnis ohne Einhaltung einer Frist kündigen.
9.3 Die Geltendmachung weiterer Ansprüche wegen Zahlungsverzuges bleibt der DeTeOnline vorbehalten.
9.4 Die vorstehenden Regelungen gelten nicht für die Abrechnung der Anbietervergütung; für diese gilt ausschließlich Punkt 6.
9.5 Gerät die DeTeOnline mit der geschuldeten Leistung in Verzug, so richtet sich die Haftung nach der Telekommunikations-Kundenschutzverordnung. Der Nutzer ist nur dann zum Rücktritt vom Vertrag berechtigt, wenn die DeTeOnline eine von ihm gesetzte angemessene Nachfrist nicht einhält, die mindestens zwei Wochen betragen muß.

10 Kündigung
Das Vertragsverhältnis ist für beide Vertragspartner zum Schluß eines jeden Werktages kündbar. Die Kündigung muß der DeTeOnline oder dem Nutzer mindestens sechs Werktage vor dem Tag, an dem sie wirksam werden soll, schriftlich zugehen. Der Samstag gilt nicht als Werktag.

11 Sonstige Bedingungen
11.1 Der Nutzer kann die Rechte und Pflichten aus diesem Vertrag nur nach vorheriger schriftlicher Zustimmung der DeTeOnline auf einen Dritten übertragen.
11.2 Wenn in diesen AGB die Schriftform vorgesehen ist, so entspricht auch die Versendung einer eMail dieser Schriftform, sofern nicht ausdrücklich etwas anderes festgelegt wurde.
11.3 Die Vorschriften des Produkthaftungsgesetzes bleiben unberührt.
11.4 Für die vertraglichen Beziehungen der Vertragspartner gilt deutsches Recht.

Stand: Januar 1998

Anhang II

Deutsche Telekom Online Service GmbH
Zusätzliche Geschäftsbedingungen Private Homepage.

T · · Online ·

1 Gegenstand der Bedingungen

Ergänzend zu den Allgemeinen Geschäftsbedingungen T-Online (Nutzer) der Deutschen Telekom Online Service GmbH (im folgenden „DeTeOnline" genannt) gelten für die inhaltliche Gestaltung, Veröffentlichung und Vorhaltung von Homepages im Internet durch Nutzer (nachfolgend „Private Homepages" genannt) nachstehende Zusätzliche Geschäftsbedingungen.

2 Standardleistung

Eine Private Homepage ist die elektronische Veröffentlichung einer oder mehrerer Seiten mit Text, Fotos und Grafiken im Internet. Die Veröffentlichung und Vorhaltung von Privaten Homepages besteht im Rahmen der betrieblichen Möglichkeiten der DeTeOnline für Nutzer, die einen Vollzugang zu T-Online haben.

3 Kosten

Pro Nutzer ist die Veröffentlichung und Vorhaltung einer Privaten Homepage mit einer Speicherkapazität von bis zu einem Megabyte kostenlos.

4 Impressum

Für Private Homepages besteht eine Impressumspflicht. Dieses Impressum muß die Anschrift des Anschlußinhabers enthalten und ist für alle Abrufer sichtbar. Dieses Impressum ist immer mit der URL http://home.t-online.de/home/<eMail-Adresse>/.impressum.html abrufbar.

5 Inhaltliche Beschränkungen

5.1 Private Homepages dürfen keine Informationsangebote mit rechtswidrigen Inhalten enthalten oder auf solche verweisen. Hierzu zählen insbesondere Informationen und Darstellungen, die

- zum Rassenhaß aufstacheln oder grausame oder sonst unmenschliche Gewalttätigkeiten gegen Menschen in einer Art schildern, die eine Verherrlichung oder Verharmlosung solcher Gewalttätigkeiten ausdrückt oder die das Grausame oder Unmenschliche des Vorgangs in einer die Menschenwürde verletzenden Weise darstellt (§ 131 StGB),
- den Krieg verherrlichen,
- die Gewalttätigkeiten, den sexuellen Mißbrauch von Kindern oder sexuelle Handlungen von Menschen mit Tieren zum Gegenstand haben (§ 184 Abs. 3 StGB).

5.2 Bei Inhalten, die unter das Gesetz zum Schutz vor jugendgefährdenden Schriften fallen oder offensichtlich geeignet sind, Kinder oder Jugendliche sittlich schwer zu gefährden oder in ihrem Wohl zu beeinträchtigen, ist durch technische Vorkehrungen oder in sonstiger geeigneter Weise Vorsorge zu treffen, daß die Übermittlung an oder Kenntnisnahme durch nicht volljährige Nutzer ausgeschlossen ist.

5.3 Die nationalen und internationalen Urheberrechte sind zu beachten.

5.4 Private Homepages dürfen außerdem keine Informationsangebote enthalten oder auf solche verweisen, die das Ansehen der Deutschen Telekom AG oder eines ihrer Tochterunternehmen schädigen können.

5.5 Bei schweren oder wiederholten Verstößen gegen die in den Abschnitten 5.1 bis 5.3 aufgeführten Pflichten ist die DeTeOnline berechtigt, die Private Homepage unverzüglich unter Ausschluß von eventuellen Schadensersatzansprüchen des Anschlußinhabers zu sperren.

6 Haftung des Anschlußinhabers

Jeder Anschlußinhaber ist verantwortlich für die Inhalte der von seinem T-Online-Anschluß in das Internet eingestellten Privaten Homepage. Er verpflichtet sich, die DeTeOnline von Ansprüchen Dritter freizustellen.

Stand: Januar 1998

Anhang II

Deutsche Telekom Online Service GmbH
Zusätzliche Nutzungsbedingungen
eMail-Dienst

T··Online·

1 Gegenstand der Bedingungen

Ergänzend zu den Allgemeinen Geschäftsbedingungen T-Online (Nutzer) gelten für die Nutzung des eMail-Dienstes der Deutschen Telekom Online Service GmbH (im folgenden „DeTeOnline" genannt) nachstehende Zusätzliche Nutzungsbedingungen.

2 Standardleistung

2.1 eMail ist eine elektronische Versendungsart von Individualmitteilungen durch T-Online-Nutzer. Versendung oder Empfang von eMails ist möglich für Nutzer, die einen Vollzugang zu T-Online haben.

2.2 Der Teilnehmer kann innerhalb von 24 Stunden höchstens 100 eMails versenden. Für das Erreichen dieser Menge werden auch Mehrfachadressierungen berücksichtigt, es wird also jeder Empfänger gezählt. Pro 30 Kalendertage dürfen jedoch nicht mehr als insgesamt 1000 eMails versandt werden.

Will der Versender eMails an einen größeren Empfängerkreis versenden, bedarf es hierfür einer gesonderten Vereinbarung mit der DeTeOnline.

2.3 Werden beim Versand von einer eMail-Adresse obengenannte Obergrenzen überschritten, werden diese eMails nicht zugestellt. Der Versender wird hiervon unterrichtet.

3 Haftung des Anschlußinhabers

Jeder Anschlußinhaber und jeder Nutzer am eMail-Dienst ist verantwortlich für die Inhalte der von dem T-Online-Anschluß versandten eMails. Die DeTeOnline übernimmt dafür keine Haftung.

Stand: Januar 1998

Anhang III

Anhang III

1&1 Internet.plus
Allgemeine Geschäftsbedingungen

Geschäftsbedingungen von 1&1

Die 1&1 Internet GmbH ~~& Co. KG~~ mit Sitz in Montabaur (nachfolgend 1&1 genannt) stellt dem Kunden den 1&1-Internet-Service ausschließlich zu den nachfolgenden Bedingungen zur Verfügung. Änderungen, Ergänzungen und Nebenabreden bedürfen zu ihrer Wirksamkeit der Schriftform. Dies gilt auch für den Verzicht auf diese Formerfordernis. Mit Beantragung der Zugangskennung, spätestens aber durch die Nutzung der von 1&1 zugeteilten Zugangskennung oder Einwahl in einen der Zugangsknoten des 1&1-Internet-Services erkennt der Kunde die folgenden allgemeinen Geschäftsbedingungen an.

1. Entgelte

1.1 Die Nutzung des 1&1-Internet-Services erfolgt zu den jeweils gültigen Entgelten. Dabei handelt es sich zum einen um ein monatliches Grundentgelt, das eine definierte Anzahl von freien Nutzungsstunden enthält, und zum anderen um eine Pauschale für jede über diese Freistunden hinausgehende Nutzungsstunde. Angefangene Stunden werden nach der Anzahl der genutzten Minuten anteilig abgerechnet. Der Kunde erhält monatlich eine Abrechnung per E-Mail an seinen Account bei 1&1 Internet.*plus*.

1.2 Die Zahlung der Entgelte kann ausschließlich durch Lastschrifteinzug erfolgen. Der Kunde ermächtigt 1&1, angefallene Entgelte über sein angegebenes Konto einzuziehen. Hat der Kunde den 1&1-Internet-Service über BANK 24 beantragt, so ermächtigt der Kunde 1&1, angefallene Entgelte über sein Konto bei BANK 24 einzuziehen; gleichzeitig ermächtigt der Kunde BANK 24, 1&1 die Eröffnung und ggf. Auflösung des dortigen Kontos mitzuteilen.

1.3 Der Kunde ist auch für Entgelte, die andere Personen über seine Zugangskennung verursachen, verantwortlich. In diesem Zusammenhang verpflichtet sich der Kunde, das persönliche Passwort zu seiner Zugangskennung sorgfältig und vor dem Zugriff Dritter geschützt aufzubewahren und es vor Mißbrauch und Verlust zu schützen. Ferner hat der Kunde das automatisch zugeteilte Passwort unmittelbar bei der ersten Einwahl in den 1&1-Internet-Service abzuändern. Der Kunde haftet 1&1 für die Einhaltung der vorstehenden Pflichten. Er stellt 1&1 von Kosten und Ansprüchen Dritter frei, die durch die Verletzung vorstehender Pflichten entstehen.

1.4 Zahlt ein Kunde seine Entgelte nicht, so ist 1&1 berechtigt, ihm den Zugang zum 1&1-Internet-Service zu verwehren.

Anhang III

1.5 1&1 behält sich eine Änderung der Entgelte vor. Geänderte Entgelte werden dem Kunden mindestens 6 Wochen vor Inkrafttreten per E-Mail an seine E-Mail-Adresse im 1&1-Internet-Service oder postalisch mitgeteilt. Erhöhungen der Entgelte bewirken ein außerordentliches Kündigungsrecht mit einer Frist von 2 Wochen zum Zeitpunkt des Inkrafttretens der Erhöhung.

2. Inhalte

2.1 Die von 1&1 im Rahmen des 1&1-Internet-Services zugänglich gemachten Text-, Bild- und Tonmaterialien sind urheberrechtlich geschützt. Die - auch auszugsweise - Reproduktion, Übersetzung sowie sonstige Verwendung ist nur nach schriftlicher Genehmigung durch 1&1 gestattet.

2.2 1&1 kann die Richtigkeit und Vollständigkeit dieser Inhalte nicht garantieren. 1&1 ist insbesondere für Inhalte, die nicht auf 1&1-eigenen Servern liegen, nicht verantwortlich und kann keinerlei Gewähr für diese Inhalte übernehmen.

2.3 Die Inhalt der Foren und Chats geben nur die jeweilige Meinung der Verfasser wieder. Der Verfasser eines Beitrages in einem Forum oder Chat überträgt 1&1 automatisch das räumlich und zeitlich unbegrenzte Nutzungsrecht an seinem Beitrag bzw. seinen Beiträgen.

2.4 1&1 ist berechtigt, den Zugriff auf Internet-Newsgroups oder IRC-Kanäle abzuschalten, sofern deren Inhalte gegen geltendes deutsches Recht, gesetzliche oder behördliche Verbote oder die guten Sitten verstoßen. Ansprüche des Kunden entstehen in solchen Fällen nicht.

3. Verantwortlichkeit für selbstproduzierte Inhalte

3.1 Der Kunde ist für alle von ihm bzw. über seine Zugangskennung produzierten Inhalte (Forenbeiträge, Homepages etc.) selbst verantwortlich. Eine generelle Überwachung oder Überprüfung findet nicht statt. Die nachträgliche Löschung von Inhalten kann vom Kunden nicht verlangt werden.

3.2 Der Kunde gewährleistet, daß die Inhalte seiner Beiträge nicht gegen geltendes deutsches Recht, gesetzliche oder behördliche Verbote sowie die guten Sitten verstoßen. 1&1 ist berechtigt, solche Inhalte sowie werbliche, nicht themenbezogene, beleidigende, diskriminierende oder in sonstiger Weise rechtlich bedenkliche Inhalte zu löschen. Verstößt ein Kunde gegen diese Bedingungen, ist 1&1 berechtigt, das Vertragsverhältnis aus wichtigem Grund fristlos zu kündigen. Dies gilt auch für Kunden, die Beiträge gleichen Inhalts mehrfach oder in mehreren Foren oder Chats parallel veröffentlichen („Spamming"). Ansprüche gegen 1&1, insbesondere die Rückerstattung von gezahlten Entgelten, sind in derartigen Fällen ausgeschlossen.

Anhang III

4. Marketing-Mails

Der Kunde erklärt sich damit einverstanden, daß 1&1, auch im Namen von Dritten, an seine E-Mail-Adresse im 1&1-Internet-Service Marketing-Mails versendet. Zur Unterscheidung dieser Mails von den sonstigen Mails sind die Marketing-Mails im Mail-Titel mit einem vorangestellten Buchstabenkürzel (in der Art wie „X-AD") gekennzeichnet.

5. Vertragsbeginn und -ende

5.1 Mit dem Tag der Freischaltung der Zugangskennung zum 1&1-Internet-Service entsteht zwischen dem Kunden und 1&1 ein Vertragsverhältnis. Das ~~erste~~ monatliche Grundentgelt wird ab dem 01. des auf die Freischaltung folgenden Monats erhoben sowie gegegenenfalls anteilig für den Monat, in dem die Freischaltung erfolgt, beginnend ab dem 15. Tag nach Freischaltung. ~~in dem auf die Freischaltung folgenden Monat erhoben.~~ Angefallene Entgelte für die über die Zahl der Freistunden hinausgehende Nutzung des 1&1-Internet-Services werden dagegen ab ~~Vertragsbeginn~~ Freischaltungerhoben.

5.2 Der Kunde und 1&1 können das Vertragsverhältnis ohne Angabe von Gründen mit einer Frist von einem Monat zum Monatsende kündigen. Löst der Kunde sein zum Lastschriftverfahren benanntes Konto auf oder widerruft er die erteilte Einzugsermächtigung, ohne zugleich eine Einzugsermächtigung für ein anderes Konto zu erteilen, so ist 1&1 berechtigt, den Vertrag ohne Einhaltung einer Frist zum Monatsende zu kündigen. Hat der Kunde den 1&1-Internet-Service über BANK 24 beantragt, ~~und kündigt er sein dortiges Konto,~~ so erhält 1&1 darüber hinaus, wenn der Kunde das BANK 24-Konto kündigt oder die zu Lasten dieses Kontos erteilte Einzugsermächtigung widerruft, ein Sonderkündigungsrecht zum Ende des Monats, in dem das Konto bzw. die Einzugsermächtigung erlischt. Eine Kündigung bedarf zu ihrer Wirksamkeit der Schriftform (Brief/Fax).

6. Gewährleistung

1&1 leistet Gewähr für die gelieferte Ware, indem sie nach eigenem Ermessen ganz oder teilweise kostenlos nachbessert bzw. eine kostenlose Ersatzlieferung vornimmt. Sollten zwei Nachbesserungs- bzw. Nachlieferungsversuche fehlschlagen, so ist der Kunde nach seiner Wahl berechtigt, Minderung oder Wandelung zu verlangen.

7. Eigentumsvorbehalt

Gelieferte Ware bleibt bis zur Bezahlung des vollen Kaufpreises als Vorbehaltsware Eigentum von 1&1.

Anhang III

8. Haftungsbeschränkungen und Schadenersatzansprüche

8.1 Der Kunde stellt 1&1 von allen Kosten und Ansprüchen Dritter frei, die ihre Ursache in der Verletzung von Urheber-, Nutzungs-, Persönlichkeits- oder Schutzrechten unter Verwendung der Zugangskennung des Kunden haben.

8.2 Die Benutzung des 1&1-Internet-Services erfolgt auf eigene Gefahr. Dies bezieht sich insbesondere auf die Funktionalität und Virenfreiheit von Software (z.B. Java-Applets), die sich über den 1&1-Internet-Service laden läßt.

8.3 Mängel und Störungen sind 1&1 unverzüglich, spätestens aber innerhalb von 7 Kalendertagen nach Kenntnis schriftlich oder per E-Mail mitzuteilen. Für Störungen in den Leitungsnetzen ist 1&1 nicht verantwortlich und nicht haftbar.

8.4 1&1 haftet nur für Schäden, die von ihr oder einemr ihrer Erfüllungsgehilfen grob fahrlässig oder vorsätzlich verursacht werden, es sei denn, es betrifft zugesicherte Eigenschaften. Vorstehende Haftungsbeschränkung betrifft vertragliche wie auch außervertragliche Ansprüche. Unberührt bleibt die Haftung nach dem Produkthaftungsgesetz. Diese Haftung bezieht sich auf den 1&1-Internet-Service und die Lieferung.

9. Datenschutz

9.1 1&1 weist gemäß § 33 BDSG darauf hin, daß personenbezogene Daten im Rahmen der Vertragsdurchführung gespeichert werden.

9.2 Die anfallenden Verbindungsentgelte werden vom Betreiber des Internet-Zugangsnetzes erfaßt und an 1&1 zu Abrechnungszwecken übermittelt.

10. Sonstiges

10.1 1&1 ist berechtigt, das Zugangsnetz ins Internet jederzeit zu wechseln. Führt der Wechsel des Zugangsnetzes für den Kunden zu einer Erhöhung der Verbindungsentgelte, so ist dieser berechtigt, den Vertrag nach Ablauf des Monats zu kündigen. Weitere Ansprüche des Kunden sind ausgeschlossen.

10.2 Änderungen der Allgemeinen Geschäftsbedingungen werden dem Kunden mindestens 6 Wochen vor Inkrafttreten per E-Mail an seine E-Mail-Adresse im 1&1-Internet-Service oder postalisch mitgeteilt.

10.3 Sollten einzelne Bestimmungen dieser Allgemeinen Geschäftsbedingungen ganz oder teilweise unwirksam sein oder werden, so wird dadurch die Rechtswirksamkeit der übrigen Bestimmungen nicht berührt. An ihre Stelle soll eine angemessene Regelung treten, die - soweit rechtlich zulässig - dem mit der unwirksamen Bestimmung bBezweckten bzw. Gewollten am ehesten entspricht.

QUELLENVERZEICHNIS

I. Literatur

Bartl	Aktuelle Rechtsfragen des Bild- schirmtextes DB 1982 S. 1097 ff.
Bayreuther	§ 166 I BGB als zivilrechtliche Zu- rechnungspflicht für fremdes Handeln JA 1998 S. 459 ff.
Boehme/Neßler	Cyberlaw München 2001
Brauner	Das Erklärungsrisiko beim Einsatz elektronischer DV-Anlagen Witterschick 1988
Brox	Besonderes Schuldrecht 27. Auflage München 2001
Brox	Handels- und Wertpapierrecht 14. Auflage München 1999
Bultmann/Rahn	Rechtliche Fragen des Teleshopping NJW 1998 S. 2432 ff.
Canaris	Handelsrecht 23. Auflage München 2000

Deville/Kalthegener	Wege zum Handelsverkehr mit elektronischer Unterschrift NJW-CoR 1997 S. 168 ff.
Ebbing	Schriftform und E-Mail CR 1996 S. 271 ff.
Ebnet	Rechtsprobleme bei Verwendung von Telefax NJW 1992 S. 2985 ff.
Eckert	Teleshopping - Vertragsrechtliche Aspekte eines neuen Marketing-Konzepts DB 1994 S. 717
Erber-Faller	Gesetzgebungsvorschläge der Bundesnotarkammer zur Einführung elektronischer Unterschriften CR 1996 S. 375 ff.
Ernst	Verbraucherschutzrechtliche Aspekte des Internets VuR 1997 S. 261 ff.
Ernst	Der Mausklick als Rechtsproblem - Willenserklärungen im Internet NJW-CoR 1997 S. 165 ff.
Fiedler/Ullrich	Information als Wirtschaftsgut Band 5 Informationstechnik und Recht Köln 1997

Fritsche/Malzer	DNotZ 1995 S. 3 ff.
Geis	Die digitale Kommunikation Hamburg 1997
Geis	Die digitale Signatur NJW 1997 S. 3000 ff.
Heun	Elektronisch erstellte oder übermittelte Dokumente und Schriftform CR 1995 S. 2 ff.
Hilty (Hrsg.)	Information Highway: Beiträge zu rechtlichen und tatsächlichen Fragen Bern/München 1996
Hoeren/Sieber (Hrsg.)	Handbuch Multimediarecht München 1999
Junker	Internationales Vertragsrecht im Internet RIW 1999 S. 809 ff.
Kilian/Heussen	Computerrechtshandbuch München 1990
Kilian/Picot	Electronic Data Interchange (EDI), aus ökonomischer und juristischer Sicht Baden-Baden 1994
Koch	Computer-Vertragsrecht 5. Auflage Freiburg 2000

Köhler	Die Problematik automatisierter Rechtsvorgänge, insbesondere von Willenserklärungen AcP 182 S. 166 ff.
Köhler	Die Rechte des Verbrauchers beim Teleshopping NJW 1998 S. 185 ff.
Kuner	Internationale Zuständigkeitskonflikte im Internet CR 1996 S. 453 ff.
Lehmann	Internet- und Multimediarecht (Cyberlaw) Stuttgart 1997
Löhnig	Die Einbeziehung von AGB bei Internet-Geschäften NJW 1997 S. 1688 ff.
Medicus	Allgemeiner Teil des BGB 12. Auflage München 2000
Mehrings	Internet-Verträge und Internationales Vertragsrecht CR 1998 S. 613 ff.
Mehrings	Vertragsabschluß im Internet MMR 1998 S. 30 ff.
Müller-Hengstenberg	Nationale und Internationale Rechtsprobleme im Internet NJW 1996 S. 1777 ff.

Münchener Kommentar	zum bürgerlichen Gesetzbuch Band I Band III 3. Auflage München 1997
Oberndörfer	Die EG-Richtlinie über "gemeinschaftliche Rahmenbedingungen für elektronische Signaturen" und das Bankgeschäft - am Beispiel von db-order NJW-CoR 2000 S. 228 ff.
Palandt	Kommentar zum bürgerlichen Gesetzbuch 60. Auflage München 2001
Raßmann	Elektronische Unterschrift im Zahlungsverkehr CR 1998 S. 36 ff.
Redeker	Geschäftsabwicklung mit externen Rechnern im Bildschirmtextdienst NJW 1984 S. 2391 ff.
Roßnagel	Das Signaturgesetz nach zwei Jahren NJW 1999 S. 1591 ff.
Schneider	Handbuch des EDV-Rechts 2. Auflage Köln 1997
Schwab	Einführung in das Zivilrecht 14. Auflage Heidelberg 2000

Sickinger	Vertrieb von Standardsoftware Köln 1993
Staudinger/Dilcher	Kommentar zum bürgerlichen Gesetzbuch 12. Auflage Berlin 1980
Strömer	Online-Recht: Rechtsfragen im Internet 2. Auflage Heidelberg 1999
Taupitz/Kritter	Electronic Commerce - Probleme bei Rechtsgeschäften im Internet JuS 1999 S. 839 ff.
Ulmer/Brandner/Jensen	AGB-Gesetz Kommentar 9. Auflage Köln 2001
Ultsch	Zugang bei elektronischen Willenserklärungen - dargestellt am Beispiel der Electronic Mail NJW 1997 S. 3007 ff.
Vehslage	Das geplante Gesetz zur Anpassung der Formvorschriften des Privatrechts und anderer Vorschriften an den modernen Rechtsverkehr DB 2000 S. 1803 ff.
Waldenberger	Grenzen des Verbraucherschutzes beim Abschluß von Verträgen im Internet BB 1996 S. 2365 ff.

Waldenberger	Teledienste, Mediendienste und die "Verantwortlichkeit" ihrer Anbieter MMR 1998 S. 129 ff.
Wendel	Wer hat Recht im Internet? : ein juristischer Leitfaden Aachen 1997
Wimmer	Die Verantwortlichkeit des Online-Providers nach dem neuen Multimediarecht ZUM 1999 S. 436 ff.

II. URLs

http://www.ecashtechnologies.com

http://www.setco.org

http://www.deutsche-bank-24.de/ecash/

http://www.signtrust.de

http://www.regtp.de

http://www.telesec.de

http://www.directbox.de

http://www.gmx.de

http://www.netlaw/thomashoeren.de

http://www.rewi.hu.de/RdI

http://194.175.173.31/www.forum/ecash/index.html

http://home.t-online.de/home/06995530471-0001.html

http://194.175.173.31/www.forum/ecash/index.html

http://moeschel.de

http://www.mz.iao.fhg.de/event/op/witte_1.html

http://www.rewi.hu.de/RdI

http://www.netlaw.de/urteile/lghh_1.html

http://www.online-recht.de/vorent.html

http://www.napster.com